나에게로 떠나는 마음 여행:

생애통합 프로그램의 실제

나에게로 떠나는
마음 여행

생애통합 프로그램의 실제

이순태 · 김병옥 · 최윤정
김경애 · 최정숙

나이듦, 늙어감 묵상하기

지금 한국 사회는 급격히 고령으로 치닫고 있다. 이미 노인 인구 비중이 14%인 고령사회에 들어갔고, 2026년이 되면 20%를 넘어 초고령사회로 진입할 것으로 보인다. 그렇다면 이에 대한 준비는 어떻게 진행되고 있는가? 한국의 경제성장률은 이미 선진국으로 들어갔지만, 안타깝게도 노인을 위한 준비는 전혀 그렇지 못하다. 한국의 노인 자살률은 이미 세계 최고 수준이고, 노인 빈곤율 역시 OECD 국가에서 1위를 차지하고 있다. 다른 나라에 비해 짧은 기간 동안 나타난 가파른 고령화에 대해 사회구조적 차원에서 제대로 대처하지 못하였다.

그뿐만이 아니다. 나이는 한 살씩 먹는데, 노년은 느닷없이 찾아온다. 누구에게나 노년이 온다는 것을 모르는 사람은 없지만, 많은 사람들은 노년이 나와는 거리가 있는 영역처럼 느낀다. 왜 그럴까? 노년에 대한 부정적 정서, 불안감 등이 노년의 문제에 대해 적극적으로 다가가지 못하게 하는 원인이 되기 때문이다. 누구나 나이가 들고 노인이 된다는 사실을 인정하면서도 그것에 직면할 용기가 없는 것이다. 그러다보니 사회적 차원 뿐 아니라, 개인적인 차원에서도 준비가 미비한 것이 사실이다.

그동안 우리나라는 노인 문제에 있어서 물질적 부양에 초점을 맞추어 왔다. 물론 노년 생활에서 있어서 경제적 영역은 결코 과소평가될 수 없는 중요한 문제임은 분명하다. 그러나 경제가 노인 문제 전체일 수는 없다. 경제적 상황과 더불어 정서적 상황을 동시에 다루는 총체적 접근이 필요한 시기가 되었다.

이런 시대적 흐름을 보면서 '시몬 드 보부아르'의 촌철살인 같은 말이 떠오른다. "노년이 이전 삶에 대한 우스꽝스러운 패러디가 되지 않는 방법은 하나밖에 없다. 그것은 우리를 의미 있는 존재로 만드는 목표를 계속해서 추구하는 것이다." 그렇다. 의미 있는 존재! 바로 이것이 우리가 이 책을 통해서 추구하고자 하는 것이다. 그럴 때 진정 노년의 삶이 아름답고 가치 있고 행복할 수 있지 않겠는가? 그런데 우리는 어떻게 그것을 찾아갈 수 있을까? 이런 문제로 고민하면서 이런 책 저런 논문을 뒤적거리는 중에 2019년 귀한 만남을 경험하게 되었다. 김인규 교수, 김남원 박사(전주대학교 상담심리학과)와의 만남이었다.

그것이 계기가 되어 2019년 가을, 전주대학교 상담심리학과『상세섬』(상담으로 세상을 섬기자 / 책임-김인규 교수) 팀에서 대학혁신지원사업 「리빙랩 프로젝트」로 진행한『생애통합 노인상담프로그램』이 전주지역에서 실시되었다(강사/김남원 교수). 그래서 6주간의 강사 양성 과정을 통해 15명의 강사를 양성하였고, 양성된 강사 중 6명이 전주 지역의 2개 기관에서 3개의 집단을 대상으로 그 프로그램을 4주 동안 실제로 운영하기도 하였다. 결과는 매우 만족스러웠다. 아련한 옛 생각을 떠올리는 것, 특히 어렸을 때 다시 돌아갈 수 없는 그 시간 그곳으로의 회상 여행은 참가자들에게 많은 감동을 주었다. 어느 내담자는 어렸을 때 가장 즐거웠던 시절을 회상하는 시간에 그림을 그리기도 전에 그냥 눈물을 짓기도 하였다. 지금 현실이 어려운 만큼 그때의 즐거움, 개구쟁이 친구들과의 만남이 더욱 그리운 것이었다. 무엇보다도 생애통합프로그램은 그러한 정서를 부담 없이 노출할 수 있어서 좋았다.

그런데 이 프로그램은 일차적으로 노인을 염두에 둔 것이지만, 필자는 이 과정을 좀 더 확장시켰으면 하는 바람을 가지게 되었다. 그 확장은 두 가지의 방향으로 나아간다. 하나는 생애통합 프로그램을 좀더 보완하여 참여 기간을 늘리는 것이다. 다른 하나는 프로그램 적용 연령대를 다양화하는 것이다. 자신의 생애를 반추해보고 그 속에서 삶의 의미를 찾아내는 것, 그리고 다가올 미지의 시간으로 비전을 가지고 나아가는 것은 단지 노년에게만 해당되는 일은 아니다. 그것은 모든 연령대에서 다루어져야 한다. 트라우마는 경중의 차이는 있겠지만 모두에게 있기 때문이다.

그렇게 해서 이 책이 지향하는 바는, 자신의 트라우마를 들여다보고 안아주며 또한 그것을 소그룹에서 나누며 치유 받는 것이다. 더 나아가 미래에 삶의 역동이 될 꿈을 좀더 명료히 하면서 가치 있고 의미 있는 삶을 추구하는 것이다. 이런 과거와 미래에 대한 탐색은 곧 지금 여기에서의 행복으로 이어진다.

이러한 꿈과 비전을 공유한 상담전문가들-김병옥, 최윤정, 김경애, 최정숙, 이순태-이 2021년 봄에 '로뎀나무 상담소'(소장: 김병옥)에서 함께 모였다. 그리고 매주 참으로 바쁜 시간을 참기름 쥐어짜듯이 할애하여 모이고 토의하면서 책의 쪽수를 늘려갔다.

물론 이 책은 노인의 문제나 인간의 내면적인 문제를 이론적으로 정리하려는 목적으로 기록된 것은 아니다. 물론 이론 없는 실제는 적절치 않을 것이다. 그러나 실제는 특정한 이론만을 고집하면서 전개되는 것은 아니다. 그래서 우리 필진들은 다양한 이론을 공유하면서도 실제적인 전개에 더 많은 비중을 두었다.

점점 노인들에 대한 정서적 보살핌이 필요한 시기인데도, 소통하면서 자아를 안아줄 실제적인 책자들을 만나기는 쉽지 않았다. 그래서 이 책이 자신의 생애를 통합하면서 새로운 꿈을 펼치기를 원하는 모든 자들에게 자그마한 도움이라도 된다면 그것으로 이 책의 출판 목적은 성취된 것이며 참으로 감사한 일이 될 것이다.

2022년 9월
이순태

차례

생애통합프로그램 이론적 배경

들어가는 말

대부분의 사람들은 젊음과 열정을 어떤 것에 쏟아가며 인생을 살아 간다. 사회경제적인 지수를 높이기 위해 부단히 노력한다. 직장에서 승진하기 위해, 더 많은 부를 쌓기 위해, 더 좋은 집을 가지기 위해, 아이들을 잘 키우기 위해 등등 나열하자면 많다. 사람마다 중요시 여기는 삶의 가치관과 인생관, 철학 등에 따라서 추구하는 바는 다양할 것이다. 이렇게 바쁘고 정신없이 살아가다 보면 '내가 무엇을 위해서 살고 있지?'라는 질문을 스스로에게 하게 된다. 대부분 중년기 즈음에 이런 질문을 마주하게 된다. 그때 바로 나의 삶을 뒤돌아 보고, 앞으로 어떤 방향성을 가지고 살아야 할지 재조명 할 필요성이 있다. 삶에 대한 반추와 각성은 인생의 의미를 생각하며 사는 사람들에게 더욱 가치 있는 것이 아닐까 생각해 본다.

특히 노년기에 접어 들어서는 분주하고 힘든 일들을 내려 놓고 오롯이 자신의 삶에 집중할 수 있는 시기라 생각된다. 지나간 삶을 반추하며 자신의 위치를 다시금 확고히 하고, 남은 인생을 어떻게 살아가야 할지 숙고해 보는 시간이 필요하다.

중년기 이후의 발달특징

첫째, 중년기에 제일 먼저 나타나는 것은 신체적, 심리적 변화이다. 나이가 들어 갈수록 신체가 노화되면서 건강 문제가 대두되고, 이로 인한 불안감도 찾아오는 시기이다. 여러 신체 부위에 질병이 생겨 우울감을 느끼기도 하며, 건강에 대한 자신감이 낮아지면서 건강염려증으로 이어지기도 한다. 또한 누구에게나 찾아 오는 죽음에 대한 생각들이 많은 상념을 자아내기도 하며, 인생이 덧없이 느껴지기도 한다. 이러한 신체적, 심리적 변화와 불편감을 어떻게 받아들이고 해석하는가에 따라서 지나온 삶이 만족스럽게 평가되기도 하고, 불행한 삶으로 평가되기도 할 것이다.

그런데 인생의 반환점을 돌아서는 이 시기에 많은 경험을 토대로 삶의 노하우를 터득하고, 지혜롭게 살아가는 방법을 깨달아 알게 된다면, 그것은 나이듦의 장점으로 여겨질 수도 있다.

둘째, 사회적인 측면에서의 변화이다. 중년기는 사회적 영역에서 다양한 변화가 일어나는 시기이다. 가정생활에서도 새로운 변화에 대한 적응이 요구된다. 자녀들이 점차 장성하여 부모들의 간섭이나 돌봄을 필요로 하지 않게 되며, 직업이나 학교 때문에 부모로부터 독립해 나가기도 한다. 자녀가 독립함으로써 가족 간의 균형은 이제 부부 중심으로 새롭게 맞추어져야 한다. 그동안 사회의 요구와 가족의 요구에 부응하기 위해서 최선을 다하며 쫓기는 삶을 살아온 이들은 중년기에도 사회적 역할(페르조나)과 자신을 동일시함으로써 중년의 위기를 맞기도 한다. 가정의 구조가 변화되면서 그에 대해 새롭게 적응해야 할 중요성이 대두되는 상황에서, 행복한 삶을 살기 위해서 어떻게 해야 할지 지혜를 발휘해야 할 것이다.

무엇보다도 인생의 후반기에는 삶의 의미가 중요해 진다. 이를 위해 물질 중심에서 관계 중심으로, 경쟁 중심에서 생명 중심으로, 성취 중심에서 의미 중심으로 나아가야 한다, 이 시기에는 삶의 여러 가지 경험 속에서 자신의 한계를 인정하고, 분열된 삶을 통합하여 조화롭게 살아가기 위한 노력이 요구된다. 그러기에 이 시기의 상담은 분열된 삶을 통합시켜서 의미상실의 위기를 체험하는 사람들에게 새로운 삶의 목표를 정립하는 자아 실현, 혹은 개성화로 나아가야 한다.

집단 상담의 장점

이미 다양한 연령층에서 집단 상담의 효과는 많이 검증되었는데,

특히 중년기 이후부터 노년기에 있는 사람들을 위해서도 유익한 상담 구조로 간주된다. 노년기에 접어든 대부분의 사람들은 오랜 세월 동안 굳어진 사고와 행동 패턴으로 유연한 사고가 어렵다. 이러한 제한점을 극복할 수 있는 상담 구조는 개인 상담보다는 집단 상담이 효과적이다. 방어적인 태도를 가진 사람일지라도 상담에 참여한 사람들의 다양한 표현을 보면서 자신의 것을 개방할 수 있는 준비를 할 수 있으며, 타인의 이야기를 들으면서 자신의 문제를 볼 수 있는 객관적인 시각을 가질 수 있다. 또한 집단 상담에 참여하는 구성원들로부터 긍정적인 피드백을 받으며 무너졌던 자기감을 회복하고 자신의 능력을 새롭게 발견하는 시간이 될 것이다. 그리고, 비슷한 또래 참가자의 변화를 지켜 보면서 나만의 고정된 사고방식으로 살아가던 삶의 방식을 수정하는 계기를 가질 수도 있다.

이렇듯 집단 상담에 참여하면서 사고를 전환하는 연습을 하게 되고, 다양한 관점에서 문제를 보는 관점의 변화도 연습하게 될 것이다. 또한 비슷한 문제를 직면하였을 때 타인의 해결 방식을 보면서 문제 해결 능력도 향상될 수 있을 것이다. 그러므로 이상의 여러 장점들이 내담자들에게 상담에 적극적으로 참여할 수 있도록 동기를 부여할 것으로 여겨진다.

본 프로그램에서는 특히 집단 구성원들이 수용적인 태도로 다른 참여자들에게 수용적이고 공감적인 반응을 보일 것을 강조한다. 왜냐하면 집단 상담 프로그램에 참여하는 노년기 어른들의 살아온 인생 경험을 존중하고 개별성과 고유성을 존중하는 것이 자기 인식과 치유에 도움이 되기 때문이다. 누군가 나를 있는 그대로 수용해 주고 공감해 준다면, 나는 그 안에서 안전하게 성장하는 방법을 찾아 갈 수 있기 때문이다. 신체의 성장은 멈추어 노화되어 가고 있지만, 마음은 계속해서 성장하고 성숙되어 가는 과정에 있기 때문이다. 본 집단 상담은 내담자들에게 이러한 성장의 장을 마련하여 주는 것을 목적으로 하고 있다.

생애통합집단 프로그램의 구성요소

본 프로그램은 중년기 이후 성인들이 자신의 전 생애를 돌아보고 반추하여 현재 자신의 삶과 연결시키고, 노년기의 삶을 어떻게 살아갈지 삶의 방향을 설정할 수 있도록 설계되어 있다.

본 프로그램에서는 아동기와 청소년기를 돌아보고 회복과 치유를 경험하는 시간을 가지며, 가정과 직장, 그리고 사회 속에서 적응적인 인간이 되고자 억압된, 그래서 그동안 무심코 지나쳐 왔던 감정을 다루는 시간이 마련되어 있다.

또한, 지금까지 살면서 나에게 가장 빛나고 화려했거나, 최선을 다하며 살았거나, 가장 의미 있게 살았던 생애 최고의 순간을 조명하여 나의 삶이 가치가 있는 여정이었음을 깨달으며, 자긍심을 회복하는 계기를 삼고자 한다. 그리고, 나의 인생에 있어 가장 많은 영향을 미친 가족들과의 관계에서 해결하지 못한 이슈들을 다루어 보고, 가족

관계를 재정립하는 시간도 준비되어 있다.

마지막으로 내가 앞으로 살아갈 미래의 삶을 어떻게 살아갈 것인지 설계하는 시간도 할애되어 있다. 과거의 흘러간 시간은 내가 더 이상 영향력을 행사할 수 없으나, 앞으로의 삶은 그렇지 않다. 과거는 뒤바꿀 수 없지만, 미래는 얼마든지 열려 있기 때문이다. 그동안 살아온 삶의 경륜과 노하우를 토대로 좀더 의미 있고 규모 있게 살아 볼 수 있을 것이다.

본 프로그램에서는 정신분석학 이론, 분석심리학 이론, 게슈탈트 이론, 트라우마 치료 이론 등의 여러 가지 이론들을 적용하여 프로그램을 구성하였다. 이는 우리가 지향하는 생애통합프로그램의 목적에 적합한 이론을 어느 하나로 한정 짓기에는 한계점이 있고, 다양한 삶의 영역을 포괄하기 위해 여러 이론들을 사용하게 되었다. 각각의 이론들은 상호보완적인 측면이 있어서 프로그램의 취지에 맞게 여러 가지 형태로 자연스럽게 녹아들도록 하였다. 이것은 내담자들로 하여금 더욱 풍성하고 깊이 있게 내면을 성찰하고 통찰력을 가질 수 있게 할 뿐만 아니라, 실제 생활에 적용시킬 수 있는 유익한 면이 있다. 본 프로그램에 적용한 다양한 상담이론 및 심리치료 이론은 다음과 같다.

1. 정신분석학

본 프로그램은 정신분석학의 창시자인 프로이트가 강조한 '욕동'(drive)보다는, 프로이트 이론을 비판적으로 계승 발전시킨 '대상관계이론' 차원에서 전개하였다. 사람은 태어나서 발달 시기마다 다양한 대상들을 경험하게 된다. 이러한 관계 경험 중에서 가장 중요한 것은 어머니(주 양육자)와의 초기 경험이다. 특히 0세~6세 사이에 가장 중요한 인물과의 관계에서 감정적인 상호교류를 통해서 일생동안 영향을 끼치게 될 핵심적인 감정을 결성하게 된다. 특히 소외감, 정서적인 박탈감, 죄책감, 수치심 등의 부정적인 정서는 신경증을 유발할 수 있고, 심각한 경우 정신증을 초래할 수 있다.

어떤 사람은 부모의 과도한 기대에 부응할 수 없었던 어린 시절의 경험으로 일평생 인정받기 위해 애쓰고 노력하지만 여전히 부족함을 느끼고, 죄책감에 시달리며 자꾸 자신을 소모적으로 몰아가는 삶을 산다. 또 어떤 사람은 가정폭력이 있는 가정에서 성장하면서 부모로부터 정서적인 지원을 받지 못해서, 사람들에 대한 적대감과 분노감을 가지고 편집증에 시달리는 삶을 살아가기도 한다.

인간은 초기 아동기에 성장에 필요한 신체적·정서적인 돌봄이 충분했을 때, 건강한 자아 발달이 이루어질 수 있다. 생애 초기에 필수적인 관계 형성 경험인 애착 발달의 과업을 달성하지 못했을 경우 좀더 심각하게 소외감, 박탈감, 죄책감, 수치심 등의 문제를 가질 수 있다. 이러한 부정적인 정서들은 건강한 자아 발달을 방해하는 요인이 된다. 개인은 자아가 건강한 상태로 잘 작동될 때 충분히 자기의 삶을 영위 할 수 있다. 이러한 관점에서 과거를 뒤돌아보고 회상하며 다시 한번 정리하는 시간을 갖는 것은 자아의 객관적 기능을 활성화시켜 통찰력을 발달시키고 삶의 과정에서 일어나는 일들을 통합하는데 매우 중요하다.

　본 프로그램에서는 집단 상담 참여자들이 이러한 자신의 어린 시절의 기억과 경험을 탐색할 수 있도록 하여, 살아가면서 관계 속에서 매번 부딪쳐왔던 반복되는 문제들에 대한 인식을 가져보도록 하였다. 과거의 어린 시절 기억 속의 나는 아직 연약한 자아의 상태이기 때문에 상처 입은 자신을 위해서 할 수 있는 일이 매우 적었다. 그러나 현재의 나는 이제 용기를 내어 과거의 상처를 뒤돌아볼 수 있고, 그 당시 상황을 이해할 수 있고, 보듬어 줄 수도 있다. 또한 성인이 된 나는 먼 과거에 형성되었던 부정적인 정서를 다룰 수 있는 능력을 가질 수도 있다.

　또한 본 프로그램의 모든 회기는 집단원들이 서로에게 수용적인 태도로 '안아주기/담아주기'를 할 수 있도록 다른 참가자들에 대한 비판적인 태도를 배제하고 있다. 이 공간에서 서로가 서로에게 지지적인 태도를 보이면서 성장할 수 있도록, '좋은 대상'이 되어 줄 것을 권고한다.

2. 분석심리학

　융의 분석심리학적 관점에서 볼 때 중년기 이후의 발달은 이전의 삶과 다른 이슈를 담고 있다. 인생의 전반부(약 40세 이전)는 자신의 경험을 최대한 확장시켜서 목표한 성취를 이루는 페르조나가 발달하는 시기이다. 그러나 중년기 이후의 인간의 관심사는 외형을 확장시키는 것에서 바뀌어 내면의 욕구에 관심을 기울이고 자신의 인격을 통합하여 온전성을 이루는 개성화를 발달시키는 데에 있다. 가정, 직장, 사회적인 관계에서 역할로 존재하는 나로 살아온 것에서 이제 온전한 '나(SELF)'가 되기 위한 내면의 역동이 올라오는 것이다.

분석심리학에서 내 안의 그림자를 발견하여 통합하는 작업은 '개성화(Individuation) 또는 자기실현'을 이루는 한 가지 방법이다. 개성화란 인간이 성숙된 자기를 찾아가는 과정을 말하며, 자기(SELF)의 전체 인격을 실현하는 것을 의미하며, 자기 실현이 될수록 지극히 평범한 사람의 모습을 갖추게 된다. 집단적 투사에 의해 움직이지 않으며 자신의 사명에 의해 움직이는 사람이 된다. 무엇이 나의 갈 길인지 마음 속에 물으며, 그 해답이 분명하지 않을 때는 방황하는 고통을 겪을 수도 있다.

이런 의미에서 회기 중에는 삶의 전반기에 주로 발달시켜 왔던 외적 인격인 '페르조나'를 조금 벗어나서, 내면의 인격인 숨겨진 '그림자'(Shadow)를 인식하여 수용하고 자신의 것으로 통합하는 작업을 하게 된다. 그림자는 내가 수용하기 어려운 나의 열등한 부정적인 인격의 요소인데, 이것이 타인에게 투사되었을 때 타인에 대해 비판적인 태도를 취하게 된다. 그러므로 내 안의 그림자적인 요소와 화해하는 것은 인격적인 성숙을 가져오며, 타인에게 너그러운 태도를 가지게 한다.

3. 게슈탈트

게슈탈트 상담의 기본적인 목표는 '알아차림'(awareness)을 통한 성장과 통합을 이루는 것이다. 게슈탈트 상담에서 상담자는 내담자의 알아차림을 증진시킬 수 있는 여러 방법들을 사용하게 된다. 전경으로 떠오른 문제에서 '알아차림'은 내담자로 하여금 통찰을 갖게 한다. '알아차림'이란 현재의 가장 중요한 사건(전경)에 주의를 기울이며 접촉하는 과정이다. 그리고 자신과 타인의 신체상태, 정서, 욕구, 미해결과제, 처한 상황에서 지금-여기에(here and now) 존재하는 것을 경험하는 것이다. 현재는 매 순간 변화하기에 알아차림은 정지할 수 없고 매 순간 새로운 방향으로 진화된다. 그러므로, 현재 나에게 일어나고 있는 신체 변화, 감정, 환경을 좀 더 잘 알아차릴 수 있게 된다면, 현재 자신의 문제를 타인에게 투사하지 않고 행동하며 결과에 대해서도 책임을 지게 될 것이다.

본 프로그램에서는 게슈탈트 상담기법 중에서 가장 중요한 기법인 '알아차림'을 강조하며, 현재 경험하고 있는 것들을 전경에서 접촉할 수 있도록 배려하였다. 또한 과거의 미해결과제들을 재경험 하여 작업 수 있도록 다양한 질문들이 마련되어 있다.

> 과거의 그곳에 있을 때 나는 어떤 느낌이었을까요?
> 이 장면에서 바꾸고 싶은 것이 있다면 어떤 것이 있을까요?
> 지금 이 장소로 들어가 볼까요? 무엇이 느껴지나요?

4. 트라우마 치료

트라우마(trauma)는 삶이 위협당했거나 압도당한 경험 후에 일어나는 심신을 약화 시키는 증상들이며, 우리 자신과 몸, 가족과, 타인, 우리를 둘러싼 세상에 대한 연결의 상실이다. 연결의 상실이 천천히 반복적으로 일어나면서 미묘한 변화를 알아차리지 못한 채 내면에 누적되어 자신감, 자존감, 삶에 대한 만족감 및 소속감의 상실을 일으킨다. 우리는 살아가면서 누구나 충격적인 일을 맞닥뜨리게 된다. 갑작스런 사고, 타인의 배신, 약자로서 강자에게 당하게 되는 폭력 등 트라우마를 일으킬 수 있는 크고 작은 일들이 많이 일어난다. 트라우마 증상들은 과각성, 수축, 해리와 부인, 무력감, 얼어붙음 등이 있다.

나이가 들고 노년기가 된다는 것은 여러 트라우마들을 겪으면서도 살아남은 생존자라는 그 자체로서도 가치 있는 것이다. 모진 비바람에도 견디고 살아남은 나무처럼 인생의 역경을 견뎌낸 이들이 있었기에 다음 세대가 존재하는 것이다. 그러나 대부분의 사람들은 트라우마가 될 만한 사건들을 겪은 이후, 심신이 회복되지 않은 채 약화된 상태로 살아간다. 그러다보니 작은 일에도 예민하게 반응하고, 타인에게 경계심을 갖고 방어적인 태도로 대하게 되고, 활성화된 교감신경계의 잦은 작동으로 정서적으로 긴장되고 불안한 상태가 된다. 트라우마는 신체 감각에 영향을 주며, 자신의 몸과 단절된 듯한 느낌을 갖기 때문에 트라우마 치유에서는 몸의 느낌과 감각을 다시 익히도록 돕는 것이 필요하다.

본 프로그램에서는 이러한 트라우마의 경험으로 과도하게 활성화된 교감신경계를 진정시키고 부교감신경계를 활성화시켜 스스로 자기 몸과 마음을 안정화시킬수 있는 방법들을 제시한다. 프로그램의 시작과 끝에 배치된 게임들과 이완 훈련이 바로 그것인데, 이러한 방법들을 충분히 훈련하면 좀더 안정된 정서를 유지할 수 있을 것이다.

5. 집단 미술치료 기법

본 프로그램에서는 내담자들이 상담 과정에 필요한 다양한 표현을 필요로 하기에 미술치료기법이 적절하다고 여겨져 미술치료기법을 여러 회기에 적용하였다. 그 이유는 다양한 미술 매체로 표현된 고유한 상징과 이미지를 통해 집단원들과 상호작용하며 자신과 타인의 욕구와 감정을 탐색하거나 통찰을 갖는데 유리하다고 여겨지기 때문이다. 미술치료 기법은 언어적인 표현의 한계를 넘어 설 수 있는 장점을 가지고 있어서, 말로 표현할 수 없는 내면의 욕구나 감정을 드러낼 수 있다. 또한 미술작업 과정에서 내담자로 하여금 내면의 무의식으로부터 올라오는 공격성과 같은 부정적인 에너지를 간접적으로 표현할 수 있어서, 안전하게 감정을 해소하며 승화시키는 것에 도움을 줄 수 있을 것이다. 미술작업 과정에서 다양한 매체의 경험과 창조적 에너지 발산은 내담자로 하여금 일시적 퇴행을 경험하며 자신의 과거, 현재, 미래의 삶을 긍정적으로 재경험하며 통합하는데 도움이 될 것이다. 미술치료기법은 미술작품을 통해 자신을 객관화할 수 있다. 특히 집단미술치료에서는 자신과 집단원을 대상화가 된 작품을 통해 객관적으로 이해하며 지지하는 과정과 서로 협력하는 과정이 반복된다. 이는 내담자 본인의 자아의 힘이 강화되는데 도움이 될 뿐 아니라 집단의 긍정적 에너지가 서로의 지나온 다양한 삶을 위로하고 앞으로의 삶을 지지하는 힘이 될 수 있을 것이다.

본 프로그램은 단지 과거를 재경험하는 원인론적 입장만을 추구하는 것은 아니다. 우리의 삶은 과거를 향한 집착에서 벗어나야 함과 동시에, 미래를 향한 비전과 꿈을 통해서 현재를 풍요하게 할 수 있다. 그런 점에서 집단원들 각자의 남은 삶의 비전과 꿈을 공유함으로써 그것이 구체적으로 각자의 삶에 구현되도록 하는 의도도 함께 지니고 있다.

〈생애통합프로그램〉

회기별 상담목표

1회기	1. 친밀감을 형성하여 참여 동기를 높인다. 2. 상담의 전반적인 과정을 안내하여 참여자들이 프로그램에 대한 전체적인 인식을 가질 수 있게 한다.
2회기	1. 과거 어린 시절을 회상하고 표현하도록 한다. 2. 내면의 욕구나 감정을 발견하여 정화하도록 한다.
3회기	1. 현재 자신의 심리적인 상태에 대하여 이해하고 수용한다. 2. 참여자들에게 있는 그대로 수용받는 경험을 통하여 지지감을 갖는다.
4회기	삶의 과정에서 겪었던 내면의 트라우마를 완화 할 수 있는 자기만의 대처방법을 발견하고 적용한다.
5회기	억압된 감정(분노, 불편감 등)을 안전하게 표출하여 해소한다.
6회기	사회화 과정에서 생성될 수밖에 없었던 내면의 그림자를 직면하고 수용하여 내 것으로 통합한다.
7회기	지나온 삶에서 긍정적인 면을 발견하고 참여자들로부터 지지를 받아 자존감을 높인다.
8회기	나와 가족 간의 이전 관계를 돌아보고 긍정적인 관계로 전환하도록 돕는다.
9회기	1. 인생 전반에 대한 회상을 통하여 삶을 통합하여 보게 한다. 2. 미래의 인생을 구체적으로 설계한다.
10회기	미래에 대한 소망을 표현하여 희망찬 미래를 꿈꾸게 한다. 자신을 스스로 격려하고 앞으로의 삶을 응원한다.

회기별 준비물 목록

회기	미술활동 및 게임준비물	PPT 및 영상물	음악	비고
1회기	이름표, 꽃그림 활동지(A4), 채색도구(크레파스, 파스텔, 색연필, 싸인펜), 8절지(1장), A4(10장), 볼펜	*진행자 소개 PPT *프로그램 소개 PPT	명상음악	출석부 동의서, 물티슈, 티슈
2회기	채색도구(크레파스, 파스텔, 색연필, 싸인펜), 8절지(10장), 간식이름 카드, 상품(옛날과자, 사탕)	*노래가사 PPT (나의 살던 고향은, 우산 셋)	명상음악	
3회기	2B연필(10자루), 색연필, 8절지(20장)	*박수 종류 PPT	명상음악	
4회기	채색도구(크레파스, 파스텔, 색연필, 싸인펜), 8절지(10장), 색종이, 감정카드		명상음악	
5회기	찰흙, 찰흙판, 신문지나 비닐, 물티슈, 풍선(10개), 네임펜, 과일꽂이(10개)			
6회기	가면(10개), 채색도구(크레파스, 파스텔, 색연필, 싸인펜, 유성매직, 반짝이 풀), 꾸미기 재료(폼폼, 모루, 보석스티커, 꽃종이등), 향초, 토치, 접착제(본드, 양면테이프, 풀)	*동영상 / 김혜자 수상소감 (눈이 부시게)	명상음악	

회기	미술활동 및 게임준비물	PPT 및 영상물	음악	비고
7회기	잡지(15권), 가위, 풀, 싸인펜, 큰 원이 그려진 4절지	*동영상 / 국제시장 (예고편)	명상 음악	
8회기	칼라점토, 점토칼, 포스트잇, 상품(주방 및 생활 용품), 상자(상품번호보관용)	*노래가사 PPT (즐겁게 춤을 추다가) *동영상/김창옥 소통강의		
9회기	꽃소금, 파스텔(24색), 신문지나 비닐, 투명플라스틱컵(10개), A4(70장), 꽃(조화), 수첩, 볼펜	*박수가사 PPT (야채박수, 말타기박수) *동영상/지담비 *버킷리스트 관련 PPT(작성이유, 작성방법)		
10회기	2절지(2장), 꾸미기 재료(폼폼, 모루, 보석스티커, 꽃종이 등), 채색도구(크레파스, 파스텔, 색연필, 싸인펜, 유성매직, 반짝이 풀), 가위, 접착제(본드, 양면테이프, 풀), A4(10장), 상장용지(10장)	*박수가사 PPT (야채박수, 말타기박수) *소망나무예시 PPT *동영상 / 프로그램 참여	배경 음악	사진첩

1회기

나를 소개합니다

친밀감 형성

준비물	강사소개 PPT
	모양 활동지(꽃 그림)
	크레파스, 파스텔, 사인펜
	이름표
	스티커
	8절지
	출석표

I. 도입: 강사 소개(10분)

안녕하세요? 여러분! 만나 뵙게 되어 반갑습니다. 첫 만남이라 조금 어색하기도 하고 또 어떤 프로그램을 하는지 궁금하기도 하시죠? 우리는 앞으로 10회기 동안 나를 알아가고, 서로를 알아가는 여행을 할 것입니다. '생애통합 집단프로그램'이라는 활동을 통해 나의 어린 시절부터(영유아기, 아동기) 청년기, 중년기(장년기, 노년기)에 이르기까지 지나 온 날들을 돌아보고, 지금의 나와 미래의 나를 좀 더 새롭게 만나는 나에게로의 여행을 떠날 것입니다. 그런데 여행하고 나면 남는 건 사진밖에 없다고들 하죠? 그래서 앞으로 함께 작업하는 모습, 작품 등을 사진으로 남겨서 여러분께 추억앨범으로 드리려고 합니다.

그럼 잠깐 제 소개를 먼저 할게요. 이번 프로그램의 진행을 맡은 OOO입니다. (PPT 활용한 자기소개). 앞으로 10회기 동안 여러분과 함께 할 시간들이 정말 기대됩니다. 이제 본격적으로 프로그램에 들어가 볼까요?

II. 전개

1. 꽃보다 당신!(자기 소개) (50분)

준비물: 활동지(꽃그림), 크레파스, 파스텔, 싸인펜, 이름표

오늘 첫 시간은 '나'를 소개하는 시간을 갖겠습니다. 지금 여러분에게 나눠 드린 활동지를 보면 꽃 그림이 있습니다. 꽃 그림을 이용하여 여러분 자신을 자유롭게 표현해 보세요. 여러분의 취미, 고향, 다녀온 여행지, 혹은 자신이 잘 하는 특기들을 적어도 좋습니다. 그리고 종이의 빈 부분에는 우리 집단에서 여러분이 불리고 싶은 별칭을 적어주세요. 실제 사용하는 이름 말고, 내가 듣고 싶은 이름을 적으시면 됩니다. 꽃 이름도 좋고, 풀 이름도 좋고, 그 밖에 집에서 부르는 별칭, 그 어떤 것도 모두 좋습니다. 활동지를 모두 완성한 후에 나누는 시간을 갖도록 하겠습니다. 자 그럼 시작하길까요?

(20분)

자, 이제 활동지를 마무리 하셨나요? 다양한 꽃들이 있군요! 그럼, 이제 꽃으로 표현한 나에 대해 소개를 해 볼까요?

(30분)

서로의 소개를 들으면서 여러분은 어떤 생각이 들었습니까? 집단원들에 대해 조금은 더 가깝게 여겨지셨을 것 같습니다. 이제 옆 사람을 바라보며 앞으로 10회기 동안 잘 부탁한다는 꽃과 같은 아름다운 미소를 보내면 인사해 보실까요?

2. 프로그램 설명 및 집단상담 동의서 싸인하기(20분)

준비물: 프로그램 소개 PPT, 동의서, 펜

집단원들에 대해서 조금 알게 되셨죠? 지금부터는 우리가 하게 될 '생애통합 집단프로그램'에 대해 알아보겠습니다. PPT로 준비를 하였는데 화면을 보시면서 설명을 드리겠습니다.

먼저 이 프로그램이 지향하는 목적은 다음과 같습니다.
첫째, 우리가 지금까지 살아온 자신의 삶을 수용하고 통합합니다.
둘째, 앞으로의 삶을 위한 긍정적 계획을 수립하고 실천합니다.
셋째, 우리 마음과 육체를 총체적으로 인지하고, 균형 있는 삶을 추구합니다.

이런 목적을 위해 구체적으로 진행할 프로그램 내용을 소개하겠습니다.

1회기: 나를 소개 합니다 (친밀감 형성)

2회기: 추억 속으로 (나의 어린 시절)

3회기: 나를 찾아서 (자기 이해, 자기 수용)

4회기: 내 마음의 안전기지 (부정적 정서에 대한 자기 대처 탐색)

5회기: 마음 풀어내기 (억압된 감정 표출)

6회기: 내가 보는 나, 남이 보는 나 (그림자 직면 및 긍정적 수용)

7회기: 나의 리즈 시절 (긍정적 자기 수용, 자기감 지지)

8회기: 나, 그리고 가족 (가족관계 돌아보기)

9회기: 꿈꾸는 인생 (나의 생애 통합하기)

10회기: 열린 마무리

여러분, 기대가 되시죠?

마지막으로 원활한 집단상담 진행을 위해 몇 가지 주의 사항과 규칙이 필요할 것 같아 말씀드립니다.

3. 규칙 정하기(20분)

준비물: 8절지, 네임펜

우리는 앞으로 프로그램이 진행되는 동안 많은 이야기들을 나누게 될 것입니다. 개인적인 경험이나 감정들 그리고 소망들이 오고 갈 것입니다. 열 번의 만남을 갖는 동안 서로가 만나는 공간이 안전하다고 느낄 수 있어야, 함께 하는 시간이 의미가 있게 됩니다. 그러기 위해서는 우리들만의 몇 가지 규칙이 필요합니다. 서로를 위해 이 프로그램에서 꼭 규칙으로 제안하고 싶은 것이 있으면 말씀해 주세요.

약간의 팁을 드리면, 서로에 대한 존중, 비밀 보장, 시간 지키기 등과 같은 내용들이 담기면 좋을 것 같아요.

(자유롭게 의견을 나눔)

자, 우리 집단의 규칙이 완성되었습니다. 한 분이 규칙을 소개해 주시면 좋겠습니다. 우리가 정한 규칙을 잘 지키셔서 의미 있고 안전한 집단이 될 수 있기를 기대합니다.

지금까지 우리가 앞으로 진행할 집단 상담 프로그램에 대한 설명을 들으셨는데, 참여에 동의하시는 분은 나눠드린 상담 동의서에 사인을 해 주시기 바랍니다. 참여를 원하지 않으시면 물론 사인을 하지 않으셔도 됩니다.

III. 마무리(20분)

준비물: A4용지, 싸인펜, 색연필, 크레파스, 종이(그리기 작업은 생략하셔도 좋습니다)

오늘 어떠셨어요? 설명이 많아 조금 지루하셨을 수도 있었을 것입니다. 지금부턴 잠시 명상의 시간을 갖은 후, 오늘 프로그램을 마무리하겠습니다.

1. 그라운딩 작업 / 나에게로 떠나는 마음 여행 시작(명상 음악…)

앉아 계신 자리에서 몸을 가장 편하게 하세요.

그리고 눈을 감으세요.

당신 자신 속으로 들어가 당신이 어떻게 느끼는지 보세요.

머리가 어떻게 느끼는지,

어깨가 어떻게 느끼는지, 배, 가슴은 어떻게 느끼는지 보세요…(5초)

어떤 통증이나 아픔이 있는지 알아차려 보세요.

팔이 어떻게 놓여 있는지 알아차려 보세요.

다리가 어떻게 놓여 있는지 알아차려 보세요…(5초)

언제든 움직이고 싶으면 자유롭게 움직여도 좋아요.

자세를 바꾸고 싶다면 그것도 좋습니다.

의자에 기댄 몸의 압력을 느껴도 좋고, 바닥에 닿은 발의 압력을 느껴도 좋아요.

발가락을 움직여보세요.

이제 당신이 어떻게 숨을 쉬는지 알아차려 보세요.

깊은 숨을 들이마시고, 잠시 멈추고… 그리고 내쉬세요.

한 번 더 합시다. 깊게 숨을 들이마시고, 잠시 멈추고, 그리고 내쉬세요. 숨을 내쉴 때 어깨가 어떻게 움직이는지 알아차려 보세요. 자 다시 한 번 더 해볼까요? 깊게 숨을 들이마시고, 잠시 멈추고, 그리고 내쉬세요.

이제 제가 어떤 소리를 낼 겁니다. 할 수 있는 한 길게 그 소리에 귀를 기울여보세요…(종을 세 번 울린다)

2. 난화 그리기

명상 후 느껴지는 감정을 난화로 표현해 보세요. 난화는 한 점에서 시작해서 손을 떼지 않고 선으로 자유롭게 그리는 그림입니다. 낙서처럼 손이 움직이는 대로, 마음대로 그리세요.

다 그리신 분은 자신의 작품을 한 번 감상해 보세요. 그림에 대한 여러분이 감정이나 느낌을 느껴보세요. 그리고 원하시는 분은 그 느낌을 나눠주시기 바랍니다.

- - - - -

소중한 마음을 나눠주셔서 감사합니다.
오늘은 여기까지 진행하고 다음 주에 뵙겠습니다.

2회기

추억 속으로

나의 어린 시절

준비물	이름표
	노래 가사 PPT
	(나의 살던 고향은, 우산 셋)
	옛날 과자, 사탕
	명상 음악

I. 도입: 간단한 게임과 노래(20분)

준비물: 과자나 사탕, 노래가사 PPT(나의 살던 고향은, 우산 셋이 나란히)

1. 이완: 별칭게임

여러분 한 주간도 잘 지내셨어요? 지난 시간에는 자기 소개를 하고 별칭도 지었어요. 일주일이 지났는데 우리 집단원들 별칭을 다 기억하고 있나요? 못하신다구요? 기억하지 못하시는 것이 어쩌면 당연합니다. 집단원들의 별칭을 다시 한 번 상기시키는 의미로 별칭 맞추기 박수 게임을 해 보겠습니다.

자, 먼저 4박자 박수를 치면서 돌아가면서 각자 별칭을 말해 보겠습니다.

하나 둘 셋 넷! 사과! ~~~~

네, 모두 다른 분들의 별칭을 기억하셨나요? 그럼 별칭 게임을 시작해 보겠습니다. 처음 박자에는 자신의 별칭, 다음 박자에는 다른 분의 별칭을 말하시면 됩니다.

"하나 둘 셋 넷! 사과! 하나 둘 셋 넷! 연두!"

~~ 와! 모두 기억력이 좋으십니다.

2. 추억의 노래 부르기

자 그러면 오늘의 본격적인 활동으로 넘어가 볼까요? 오늘은 어린 시절을 잠시 추억해 보는 시간을 갖겠습니다. 먼저, 어린 시절에 자주 불렀을 법한 노래를 한번 불러 볼까요? 어린 시절 노래하면, 대표적으로 '나의 살던 고향은', '우산 셋이 나란히' 이런 노래가 있죠. 먼저 '나의 살던 고향'이란 노래를 한번 불러 보겠습니다.

- - - - -

와~ 모두 잘 아시는 노래라서 그런지 잘 부르시네요.

나의 살던 고향은 / ○○○ ○○ / 복숭아꽃 살구꽃 / ○○ ○○○
울긋 불긋 / ○○○ / 차린 동-네 / 그속에서 놀던 때가 / ○○○ ○○

이번엔 다시 한번 부르는데요, 돌림 노래로 해 보겠습니다. 이쪽에서 한 소절 먼저 시작하면 다음에 다른 쪽에서 시작하면 됩니다.
"나의 살던 고향은 꽃피는 산골~ "(다른 팀을 가리키며 시작 하도록 사인을 준다.)
"나의 살던 고향은 꽃피는 산골~"

와~ 이렇게 돌림으로 부르니까 색다르네요.

그럼, 다음 곡도 한번 해 볼까요? 그런데 이 곡은 가사 중간이 빠져 있어요. 빠진 부분에 맞는 가사를 여러분이 틀리지 않고 불러야 하는데요. 먼저 자신 있는 팀부터 해볼까요? 중간에 틀리면 기회는 다른 팀으로 넘어갑니다.

이슬비 내리는 / ○○○ ○○ / 우산 셋이 나란히 / ○○○ ○○
파란 우산 검정 우산 / ○○○ ○○ / 좁다란 학교 길에 / ○○○ ○○
이마를 마주대고 / ○○○ ○○ / 이마를 마주대고 / ○○○ ○○

어린 시절에 불렀던 노래를 부르니 동심으로 돌아간 것 같네요.

II. 전개

1. 나의 어린시절: 과거 회상을 통한 위로와 치유(50분)

준비물: 명상 음악, 도화지(8절지), 파스텔, 크레파스, 싸인펜, 색연필

1) 어린 시절 회상하기

이제 본격적인 작업에 들어가겠습니다. 나의 과거 어린 시절을 추억해 보며 그 시절, 나는 어떤 모습이었는지 또는 어떤 인상으로 남아 있는지 기억을 떠올려 보고, 그 기억을 이미지로 표현해 보도록 하겠습니다.

먼저, 모두 가장 편안한 자세로 앉아 눈을 감아볼까요?

(명상 음악을 들으면서 눈을 감고 명상한다)

어릴 시절을 생각하면 먼저 떠오르는 이미지에는 어떤 것이 있나요?
그 때 그 장소는 어디였지요?
누구와 함께 있었나요?
그 때 느낌은 어땠나요?

2) 어린 시절 그리기

※ 8절. 도화지를 나누어 준다

방금 여러분들께서 머리 속에서 떠올린 것들을 도화지에 표현해 보겠습니다. 어린 시절 회상한 것을 표현할 때, 구체적인 실제 모습으로 표현해도 되고, 분위기나 느낌을 색이나 선을 이용해서 그냥 이미지로만 표현해도 좋습니다. 여러분의 앞에 놓인 미술 재료들을 사용하여 작업해 보겠습니다. 활동 시간은 20분입니다.

자! 여러분~ 어린 시절의 회상을 여러분만의 작품으로 다 완성하셨나요? 각자 표현한 것들을 집단원들과 같이 나누어 보는 시간을 갖겠습니다. 한 분당 3분씩 정도로 시간을 사용하시면 좋겠습니다.(약 30분 소요)

3) 심층 질문

※ 심층 질문이 필요한 경우 상황에 맞게 질문하여 내면의 욕구를 표현하게
   하고, 해소되지 못한 감정을 표출할 수 있도록 돕는다.

예)

- 그곳에서 그때 느낌은 어떠셨나요?

- 왜 그곳에 혼자 앉아 있어요?

- 그 공간에 누가 있었다면 (외로움, 슬픔, 화남...)이 덜 했을까요?

- 이 장면에서 바꾸고 싶은 것이 있다면 어떤 것이 있나요?

- 바꾼 장면을 보니 어떤 느낌이 드나요?

- 00님이 지금 어린 시절의 그 장소에 있다면 어떨 것 같아요?

- 혹시 00님에게 (위로, 격려...)의 말을 해 준다면 어떤 말이 좋을까
  요?

2. 간식 이름 퀴즈(20분)

준비물: 옛날 간식, 퀴즈 문제

간식이름 예: 건빵, 꽈배기, 뽀빠이, 쫀디기, 눈깔사탕, 국화빵, 붕
        어빵, 떡볶이, 핫도그, 팥빙수, 아이스크림, 찹쌀떡,
        군고구마, 군밤, 달고나, 메밀묵, 피자, 통닭, 순대

여러분! 이제 즐거운 게임 시간을 가지려고 합니다. 먼저 집단을
두 팀으로 나누겠습니다.(진행자의 오른쪽부터 숫자를 붙여 홀수와 짝수로 팀을 나눈다)

홀수 팀과 짝수 팀으로 나누어졌는데요, 각 팀의 대표를 한 명씩 뽑겠습니다.(대표를 뽑는다)

자, 여기에는 우리가 어렸을 적에 즐겨 먹었던 추억의 간식 이름이 적힌 카드가 있습니다. 팀 대표는 이 카드에 적힌 간식 이름을 확인하고 몸 동작으로 이 간식을 표현하면, 남은 팀원들은 어떤 간식인지 이름을 맞추면 됩니다. 시간 안에 더 많은 간식 이름을 맞춘 팀에게는 선물로 전원 옛날 간식을 드리겠습니다.

(게임을 진행한다)

~~~ 대표가 설명을 잘 한 것인지, 팀원들 센스가 뛰어난 것인지 모르겠는데요, 어쨌거나 우승한 팀 축하드립니다. 간식 상품입니다.

III. 마무리 활동(30분)

준비물: 명상 음악

1. 오늘 활동 소감 나누기(20분)

오늘 활동은 어떠셨나요? 돌아가면서 한 분씩 오늘의 활동 소감을 듣고 마무리하겠습니다. 오늘의 활동 중에서 인상 깊었던 것, 재미 있었던 것, 기억이 남은 것 등 자유롭게 여러분의 생각을 들어보도록 하겠습니다.

2. 다음 회기 주제 소개 후 마무리(10분)

다음 주는 세 번째 만나는 날인데요, '나를 찾아서'라는 주제로 현재의 나에 대한 이해와 수용을 돕는 시간을 준비해 봤습니다. 다음 주엔 과연 어떤 새로운 활동을 하게 될지 기대감을 가져보시는 것도 좋을 것 같습니다.

자, 그럼 그라운딩 호흡을 하면서 마무리하겠습니다.

(명상 음악 재생)

앉아 계신 자리에서 몸을 가장 편하게 하세요.

그리고 눈을 감으세요.

당신 자신 속으로 들어가 당신이 어떻게 느끼는지 느껴보세요.

머리가 어떻게 느끼는지,

어깨가 어떻게 느끼는지, 배, 가슴은 어떻게 느끼는지 느껴보세요…(5초)

어떤 통증이나 아픔이 있는지 알아차려 보세요.

팔이 어떻게 놓여 있는지 알아차려 보세요.

다리가 어떻게 놓여 있는지 알아차려 보세요…(5초)

언제든 움직이고 싶으면 자유롭게 움직여도 좋아요.

자세를 바꾸고 싶다면 그것도 좋습니다.

의자에 기댄 몸의 압력을 느껴도 좋고, 바닥에 닿은 발의 압력을 느껴도 좋아요.

발가락을 움직여보세요.

이제 당신이 어떻게 숨을 쉬는지 알아차려 보세요.

깊은 숨을 들이마시고, 잠시 멈추고, 그리고 내쉬세요.

한 번 더 합시다. 깊게 숨을 들이마시고, 잠시 멈추고, 그리고 내쉬세요. 숨을 내쉴 때 어깨가 어떻게 움직이는지 알아차려 보세요.

자 다시 한 번 더 해볼까요? 깊게 숨을 들이마시고, 잠시 멈추고, 그리고 내쉬세요.

이제 제가 어떤 소리를 낼 겁니다. 할 수 있는 한 길게 그 소리에 귀를 기울여보세요… (종을 세 번 울린다) 자, 이제 서서히 우리의 의식을 깨우며 눈을 떠 보세요.

오늘도 수고 많으셨습니다. 그럼 다음 주에 뵙겠습니다.

3회기

나를 찾아서

자기이해, 자기수용

준비물	PPT 자료(박수종류)
	8절지
	색연필
	명상 음악
	연필
	지우개

I. 도입(15분)

1. 이완: 박수치기

　오늘 집을 나설 때 기분이 어떠셨어요? 저는 여러분을 만난다는 생각만으로도 무척 설레고 기분이 좋았습니다. 여러분도 저와 같은 마음이라고 생각합니다. 여러분은 살아가면서 제일 중요한 것이 무엇이라고 생각하시나요?

　여러 가지 중요한 것들이 있지만 그중에 하나 꼽으라면 '건강'이라고 생각합니다. 그래서 오늘은 조금이나마 여러분들이 더 건강해질 수 있는 건강 박수로 3회기를 시작할까 합니다. 제가 찾아보니 진짜 건강을 돕는 박수들이 다양하게 있더라구요. 저만 알고 있을 수 없으니 소중한 여러분께도 소개를 해 드리겠습니다.

　박수 사례 / ① 손끝 박수(눈피로와 비염예방), ② 손바닥 박수(오장육부), ③ 손목 박수(생식기), ④ 달걀 박수(치매예방, 기억력향상), ④ 손등 박수(허리강화), ⑤ 주먹 박수(어깨, 두통), ⑥ 먹보 박수-주먹으로 손바닥 번갈아 치기(혈액순환, 폐기능강화), ⑦ 목뒤 박수-양손을 목뒤로 돌려서(어깨 피로회복)

진짜 많죠? 박수는 우리 몸의 균형을 잡아주고 전신운동을 병행하고 두뇌 활동도 돕는다고 합니다. 하루에도 여러 번 건강 박수를 하면서 자신의 건강을 챙기는 하루가 되었으면 좋겠습니다.

자, 지난 시간에는 여러분의 과거로 돌아가 자신의 어린 시절 깊이 간직했던 소중한 추억을 돌아보는 여행을 하였습니다.

오늘은 '나를 찾아서'라는 주제로 나를 찾아 떠나는 그림 여행을 해 보려고 합니다. 나는 현재의 나를 어떻게 생각하는지, 현재의 나를 좀 더 깊이 이해해 보는 시간을 가져 보도록 하겠습니다. 먼저 그림을 그리고 자신이 그린 그림을 가지고 이야기를 만들어 나누는 시간을 가져 보겠습니다. 이야기를 만드는 것을 '스토리텔링'이라고 하지요. 스토리텔링은 현실적인 이야기로 엮어서 만들어도 되고, 상상 속의 이야기를 만들어도 됩니다.

II. 전개(90분)

준비물: 8절지, 색연필, 명상 음악, 연필, 지우개

1. 집, 나무, 사람 그리기(20분)

여러분 앞에 놓여 있는 도화지에 집, 나무, 사람이 들어 있는 그림을 자유롭게 그려볼 것입니다. 막대 모양의 사람이 아닌 머리에서 발까지 나오는 온전한 사람을 그리시면 됩니다. 잘 그리고 못 그리는 것은 중요하지 않습니다. 할 수 있는 만큼만 그리시면 됩니다. 지금부터 나를 찾아 떠나는 그림 여행을 시작하겠습니다.

※ 집단원들이 어떻게 그릴지 묻는 질문들에는 "떠오르는 대로 자유롭게 그리면 됩니다"고 말해 준다.

자, 어느 정도 완성하신 것 같습니다. 아직 마무리가 되지 않았다면 속히 마무리를 해 주세요. 5분 뒤에 이야기를 나누는 시간을 갖도록 하겠습니다.

2. 스토리텔링 나누기(30분): 자기 이해와 수용

두 팀(1팀 당 4~5명)으로 나누어 팀원들끼리 자신의 그림을 보고 그 내용에 대해 이야기를 하는 스토리텔링을 시도해 보겠습니다. 나누는 내용은 먼저, 그림 그리신 분이 자신의 그림에 대해 무슨 생각을 하면서 그렸는지 자유롭게 이야기 하고, 그 이야기를 들은 분들 중에서 그림의 내용 중에 특별히 자신의 경험적 상황이나 모습 등 닮은 부분이 있다면 그 부분을 말씀해 주시면 되겠습니다.

> ※ 그림에 대해 스스로 설명해 보게 하고, 그림 속에서 두드러지는 특징에 대해서는 진행자가 약간의 코멘트를 줄 수도 있다. 또 다른 사람들에게는 그림이 어떻게 보여 지는지 서로 이야기를 들어 본다.

한 분이 자신의 그림에 대하여 이야기를 할 때 다른 분들은 적극 경청하고 공감하여 주시기 바랍니다. 나의 삶의 모습을 다른 사람이 들어 주고, 공감해 줄 때, 우리는 더욱 큰 힘과 자신감을 얻습니다. 공감받을 때 커다란 지지감을 가지게 하며, 나의 모습을 자연스럽게 수용하도록 만들어 줍니다.

- - - - -

여러분들이 표현한 나를 찾아 떠나는 그림 여행에는 나의 모습이 다양한 형태의 삶의 모습으로 나타난 것 같습니다. 작품에 여러분의 삶이 오롯이 담긴 것 같군요.

3. 적용하기(40분)

잠시 눈을 감고 여러분이 그린 그림을 떠올려 봅니다. 그 공간에 나는 어디에 있나요. 어떤 모습으로, 어떤 위치에서, 어떤 역할로 살고 있나요.

여러분이 그린 장면 중에서 바꾸고 싶은 부분이 있으세요? 어떤 부분을 바꾸면 당신에게 좀 더 좋은 방향으로 변화될까요?

제가 예전에 만났던 분이 있었습니다. 그분은 남편을 견고하고 높은 벽으로 그렸습니다. 처음에는 그 높은 벽을 향해 서서 바라만 보아도 답답해하는 자신을 그렸습니다. 그런데 우리와 비슷한 프로그램을 진행하며 자신의 그림을 원하는 대로 바꿔보기로 했지요. 다음에 그린 그림은 자신의 방향을 바꾸어 남편이라는 벽에 기대어 세상을 바라보는 자신을 그렸지요. 한결 밝아진 모습으로 앞으로는 또 다른 자신의 세상을 바라보며 그 세상 속에서 자신이 하고 싶은 일을 찾아보겠다고 하신 분이 계셨습니다. 이렇게 우리의 마음의 시선을 바꾸는 것은 중요한 것 같습니다. 지금 그림에서 계속 떠오르는 부분들이 있을 거예요. 고치고 싶은 부분은 한번 고쳐보세요. 그러면 여러분이 바라보는 삶의 시선이 달라질 수도 있을 거예요.

　※ 잠시 명상의 시간 1분 정도 침묵의 시간을 가진다.

　자, 그럼 여러분이 그린 그림 중에서 수정하고 싶은 부분을 원하는 모습으로 고쳐 보겠습니다.(20분)

　그럼, 수정한 분들의 이야기를 들어 보겠습니다.

　※ 20분 정도 이야기를 듣는다.

　새로운 분위기, 새로운 느낌이군요. 아까 같은 팀원으로 작업했던 분들의 소감도 들어 볼까요.

　※ 몇 사람의 소감을 들어 본다.

III. 마무리(15분)

오늘 작업을 하면서 여러분이 좋은 감정을 느꼈든지, 불편한 감정을 느꼈든지 그것은 모두 여러분의 삶에서 가지는 자신의 모습에 대한 느낌일 것입니다. 이런 나를 온전히 수용하고 돌봐주는 의미로 자신을 안아주는 호흡을 하면서 오늘 활동을 마무리 하겠습니다.

오른손을 왼쪽 겨드랑이에 넣고, 왼손으로 오른쪽 팔을 감싸서 자신을 꼭 안아주세요. 지금 자신에게 해주고 싶은 말이나 듣고 싶은 말을 마음 속으로 해주셔도 좋습니다. 이 상태에서 깊은 호흡을 열 번 해보겠습니다. 호흡하는 방법은 코로 3박자로 들이마시고, 잠깐 멈췄다가 입으로 5박자 내쉬면 됩니다. 호흡을 내쉬며 '오늘도 수고했어', '넌 참 멋있어'와 같이 지금 나에게 해주고 싶은 말을 해 볼 수도 있습니다. 5번 반복하겠습니다.

자, 오늘은 여기까지입니다.
다음 주에는 '내 마음의 안전기지'라는 주제로 여러분과 만나겠습니다. 모두 수고 하셨습니다.

4회기

내 마음의 안전기지

부정적 정서에 대한 자기 대처 탐색

준비물	8절지
	색연필, 크레파스, 파스텔
	색종이
	감정카드
	명상 음악

I. 도입(20분)

준비물: 감정 카드

1. 이완(5분)

안녕하세요? 한 주 동안 어떻게 지내셨나요? 지난 시간에 했던 건강 박수 기억나세요? 건강을 챙기는 의미에서 다시 한번 기억을 더듬으며 건강 박수로 시작해 보겠습니다.

① 손끝 박수(눈피로와 비염예방), ② 손바닥 박수(오장육부), ③ 손목 박수(생식기), ④ 달걀 박수(치매예방, 기억력향상), ⑤ 손등 박수(허리강화), ⑥ 주먹 박수(어깨, 두통), ⑦ 먹보 박수-주먹으로 손바닥 번갈아 치기(혈액순환, 폐기능강화), ⑧ 목뒤 박수-양손을 목뒤로 돌려서(어깨피로회복)

2. 감정 단어 게임 (15분)

　박수로 시작하니 기분전환도 되고 활기가 생기는 것 같아요. 박수를 치면서 활기가 느껴진다는 것은 저의 감정에 활력이 생겼다는 주관적인 느낌일 수도 있습니다. 박수를 치면서 모든 분들이 저와 같은 감정을 느끼지 않았을 수도 있죠! 그렇다고 해서 이런 각자의 느낌이 틀렸다고 말할 수는 없습니다. 다만 제가 느끼는 것이 그렇다는 것입니다. 그런데 여러분들은 자신의 감정에 대하여 얼마나 알고 있습니까? 살아가면서 여러분 자신의 감정을 얼마나 표현하고 있나요?

　혹시 오늘 나의 상태를 감정단어를 사용해서 표현해 주실 분 있나요? 감정 단어는 감정을 나타내는 단어로는 기쁨, 슬픔, 분노, 즐거움 등이 있어요

　※ 몇 명에게 이야기를 듣는다.

　와~ 좋아요, 감사합니다. 그런데 어떤 분들은 어떤 느낌이, 뭔가가 마음에 있지만, 막상 표현하려고 하니 잘 생각이 나지 않는 분들도 있을 것 같아요. 오랫동안 우리가 살아온 유교 문화권에서는 자기 감정을 솔직히 표현하는 것이 익숙하지 않아요. 그래서 "당신의 감정을 말해 보세요"라는 요구를 받을 때 "글쎄... 잘 모르겠는데요"라고 말하는 경우가 많은 것 같습니다. 자신의 마음을 감추는 것이 마치 미덕처럼 여겨지기도 하구요. 그런데 감정은 우리 마음을 이루고 있는 한 요소이며, 우리의 삶에 있어서 가장 중요한 핵심

적 동기를 유발하는 것이기도 합니다. 게임을 통해 이렇게 중요한 다양한 감정을 얼마나 잘 표현하고 맞추는지 한 번 확인해 볼까요?

먼저 두 팀으로 나누겠습니다. 그리고 각 팀에 감정을 설명할 팀 대표를 뽑아 주세요. 팀 대표는 감정 카드를 보고 감정 단어를 설명하고, 팀원들은 그 감정 단어를 맞추어 주세요. 제한된 시간 안에서 감정 단어를 많이 맞추는 팀이 우승하는 게임입니다.

감정 단어 게임 어떠셨나요?

※ 몇 사람에게 소감을 듣는다.

그러면 과연 우리가 알고 있는 감정 단어의 종류는 얼마나 될까요? 감정 단어의 종류는 400개가 넘는다고 합니다. 감정에는 좋은 감정, 나쁜 감정은 없습니다. 기쁨, 즐거움, 사랑스러움, 질투, 시기, 미움, 분노 등 내 안에서 일어나는 모든 감정은 언제나 나의 마음 상태를 나타내는 것입니다. 좀 더 민감하게 자신의 감정을 인식하고 어떤 감정이라도 판단하거나 억압하기 보다는 이해하고 수용해 줄 때 우리 마음도 더 편안해지고 예뻐질 것 같습니다.

II. 전개(80분)

준비물: 조용한 음악, 8절지, 색연필, 크레파스, 파스텔, 색종이, 감정카드

1. 안전 기지 발견하기(20분)

　이어서 우리는 내 마음의 안전 기지를 발견하는 시간을 가져 보겠습니다. 우리가 살아가는 일상 속에서 우리의 몸과 마음이 편하지 않을 때 찾아오는 감정이 있습니다. 나를 힘들게 하는 불편한 감정이 오면 여러분들은 어떻게 하나요?

　어떤 분들에게는 폭풍처럼 강한 불안이 오기도 하고, 어떤 분들에게는 지나가는 바람처럼 두려움이 스쳐 지나가기도 합니다. 장마처럼 우울이 오기도 하고, 아무 것도 하기 싫고 모든 것이 귀찮을 만큼 무기력한 감정이 소리 없이 스며들어 우리를 주저앉게 하기도 합니다.

　이럴 때 몸과 마음이 안전하게 피할 수 있는 나만의 장소가 있다면 얼마나 좋을까요? 내 마음이 지치고 힘들 때, 따뜻하고 편안하게 위안을 주고 나를 지켜주고 보호해주며, 위로 받을 수 있는 장소를 "안전 기지"라고 합니다. 안전 기지는 사람일 수도 있고, 좋아하는 장소나 공간일 수도 있고, 여행, 책, 조용한 카페, 그리고 자연일 수도 있습니다.

　만약 나만의 안전 기지가 잘 떠오르지 않을 땐, 지금 나에게 가장 편안한 것을 생각하시면 됩니다. 내가 힘들거나 불안할 때 이런 감정에서 피할 수 있는 것은 무엇이든지 자연스럽게 떠오르는 것이면 됩니다. 잠시 눈을 감고 5분 정도 생각하는 시간을 갖겠습니다.

※ 조용한 음악을 틀어 준다.

2. 안전기지 표현하기(50분): 그리기와 나누기

지금 여러분 앞에 여러 가지 채색 도구와 도화지가 있습니다. 지금부터 편안한 마음으로 내 마음의 안전 기지를 표현하는 시간을 가져보겠습니다.

- - - - -

어느 정도 완성되신 것 같네요. 아직 완성하지 못하신 분들은 5분 동안 마무리해 주세요. 자, 완성된 나만의 안전 기지를 공개해 보겠습니다.

지금부터 두 팀으로 나누어서 각자 자신이 생각하는 안전 기지와 그 안전 기지에서 자신이 느끼는 것들에 대해 이야기를 나누어 보겠습니다.

※ 두 팀으로 나누어 이야기를 나누도록 하고, 진행자는 15분씩 돌아가면서 각 그룹에 참여하여 도와준다.

3. 적용하기: 나만의 안전 기지에 머물러 보기(10분)

다양한 모습의 안전 기지가 있군요. 자, 이제 여러분들이 만든 안전 기지로 들어가 보는 시간을 갖겠습니다. 모두 편안한 자세로 눈을 감아 볼까요? (조용한 음악을 틀어 준다)

천천히 심호흡을 하면서 내가 그린 안전 기지를 머릿속에 떠올려 보세요. 그리고 그 안전기지에 최대한 편안한 자세로 내가 있는 모습을 상상해 보세요. 여러분들이 마음이 지치고 힘들 때, 마음의 위로가 필요할 때, 마음의 쉼이 필요할 때 이렇게 해 보는 거예요. 그러면 마음이 이완되고 몸도 편안한 상태가 될 것입니다.

자, 이제 천천히 눈을 떠서 일상으로 돌아오겠습니다.

III. 마무리(20분)

1. 소감나누기

일상에서 힘들고 지칠 때 내가 찾은 안전 기지에서 편안하고 따뜻한 위안을 얻는다면, 아무리 힘든 일이 있어도 포기하지 않고 힘을 얻어서 다시 도전하여 살아갈 수 있을 것입니다.

그럼, 오늘의 활동을 어떻게 느끼셨는지 감정 단어를 사용해서 여러분의 소감을 들어 보겠습니다.

※ 전원에게 소감을 듣는다.

나만의 안전 기지에서 힘을 얻어 몸도 마음도 건강한 여러분이 되시기를 바랍니다.

다음 시간에는 '마음 풀어내기'란 주제를 가지고 여러분과 만나겠습니다. 수고 많으셨습니다.

5회기

마음 풀어내기

억압된 감정 표출

준비물	풍선
	네임펜
	과일 꽂이
	찰흙
	찰흙판
	물티슈

I. 도입(10분)

한 주간 잘 지내셨어요? 우리는 지난 시간에 나만의 안전한 장소를 생각해 보며 각자 자신이 가지고 있는 심리적, 환경적 대처자원을 찾아보았습니다. 혹시 지난 시간에 탐색해 본 작업이 실생활에 적용된 분이 계신가요?

※ 몇 사람에게 이야기를 듣는다 - 소중한 경험을 나눠 주셔서 감사합니다.

※ 또는 아직 없으시군요 - 나중에 마음이 힘들어질 때, 배운 대로 나만의 소중한 안전 기지를 스스로 찾을 수 있길 바랍니다.

자, 오늘은 에너지가 많이 필요한 작업을 하게 됩니다. 기대되시죠? 그러면 여러분의 기대를 모아 시작해 보겠습니다.

II. 전개(90분)

준비물: 풍선, 네임펜, 과일 꽃이, 찰흙, 찰흙판, 물티슈

1. 찰흙 작업(40분)

(※참조: P.Mortola, 『게슈탈트 놀이치료』)

1) 찰흙 느끼기: 억압된 감정 느끼고 만나기

여러분 앞에 있는 이건 뭘까요? 네 맞습니다. 찰흙이죠. 찰흙을 만져 보신 적이 있으신가요? 자 찰흙을 눈으로만 한 번 보세요. 찰흙의 색, 표면의 느낌 등을 충분히 관찰해 보세요. 이번에는 우리 찰흙을 꼭꼭 쥐어 짜 봐요. 네네 그렇게 해 보세요. 이제 그 찰흙을 꼬집어봅시다. 이제는 찔러 보세요. 손가락으로 여기저기 깊이 구멍을 만들어 보세요. 구멍의 안쪽은 어떤 느낌인지 느껴보세요. 이젠 이 찰흙을 찢어 보겠습니다. 힘을 주어 다 찢어버려요. 크게, 작게, 다시 되돌려 보기도 하고, 다시 찢기도 하고, 여러분이 하고 싶은 대로 잠시 손이 이끄는 대로 맘껏 만져 보세요. 다른 방법으로 때려 볼 수도 있어요. 잠시 때려 볼까요, 주먹으로도 쾅쾅! 이번에는 바닥에 내던져 보세요. 내던지면서 소리를 내 보아도 좋아요. 얍! 으랏 차차! 나오는 대로 소리를 내 보세요. 좋아요.

※ 억압된 에너지가 분출되도록 신나게 탐색하기

이젠 찰흙을 뒤집어 볼 거예요. 뒷면은 어떤가요? 만져 보세요. 매끄럽기도 하고 평평하기도 하죠?

2) 눈 감고 형태 만들기

이제 찰흙을 네모 모양의 덩어리로 만들어 보세요. 두 손을 그 위에 올려놓고 손을 통해 전달되는 찰흙의 실제 느낌을 그대로 느껴 볼께요. 온도, 촉감 등, 내 에너지를 찰흙에게 전달해 봐요. 또 찰흙의 에너지를 손으로 느껴 보세요. 이제 이 찰흙은 당신의 에너지를 많이 가지고 있어요. 지금부터는 여러분이 무언가 어떤 형태를 만들기를 바랍니다. 눈을 감고 손가락이 움직이는 대로 추상적인 형태일 수도 있고, 구체적인 형태일 수도 있어요. 동물일 수도, 사람일 수도, 때론 어떤 물건이 될 수도 있어요. 그저 시도해 보세요! 당신이 만드는 것이 무엇인지 걱정하지 말고 계속 그저 손이 가는 대로 만들어 보세요! 오늘은 머리가 아닌 내 손이, 감각이 이끄는 대로 따라가 보세요.

※ '잘하고 있어요, 뭔가 만들어지고 있는 것 같군요' 등의 지지나 반영을 해 준다.

3) 눈 뜨고 마무리하기

이제부턴 눈을 뜨고 싶을 때는 언제든지 눈을 뜨고, 여러분이 만든 것을 확인할 수 있어요. 요리조리 다양한 각도에서 바라보세요. 또 여러분은 여러분의 작품에서 그 무엇이든 고치고 싶은 부분이 있다면 고칠 수 있어요. 눈을 뜨고 여러분의 작품을 완성해 보세요. 다 완성되면, '끝, 완성~, 다 했다'라고 혼잣말로 말해 보세요.

4) 찰흙 작품이 되어 말해보기 (두 명씩 짝을 지어 진행)

각자 자신의 작품이 다 완성되었네요. 조금 전만 해도 단순한 흙덩어리였던 것이 지금은 무언가가 되었네요. 형태를 알 수 있는 것도, 아닌 것도 있네요. 이젠 두 분씩 짝을 지어 마주 보세요. 짝에게 자신이 만든 작품이 되어 말해 볼 거예요. 그냥 여러분의 작품이 되어 보세요. 예를 들어 "난 핸드폰이야, 사람들이 날 너무 좋아해, 난 잠시도 쉴 틈 없이 바쁘게 일을 하지. 난 때론 너무 쉬고 싶어." 이런 식으로 해볼 수도 있고, 더 간단하게도, 혹은 더 깊이 있게도 가능합니다. 무엇이든 여러분의 작품이 되어 말해 보세요. 시간은 10분 드리겠습니다. 서로 각자의 작품이 되어 말해 보고 또 상대에게 궁금한 것은 물어볼 수도 있어요. 짝과 서로 편안하게 나눠보세요.

- - - - -

여러분의 작품이 되어 본 소감이 어떠셨어요. 혹시 자신의 소감을 전체 앞에서 나눠주실 분이 계시나요?

※ 소감이나 통찰된 부분을 나눔

작업을 통해 자신의 마음이 드러나고 통찰된 분도 계신 것 같군요. 어쩌면 여러분 앞에 놓인 건 아직 그것이 어떤 감정인지, 생각인지, 기억의 파편인지 정확히는 알 수 없을 수도 있고, 반대로 또 누군가는 너무 선명하게 느껴질 수도 있었을 것입니다. 여러분도 모르는 사이에 이 찰흙 작업을 통해서 여러분 속에 억압되었던 여러 감정이나 기억의 파편들이 세상 밖으로 나왔을 것입니다. 빙산의 일부처럼 아주 조금씩 이런 감정을 다양한 방법으로 표출해 볼수 있는데, 방금 우리가 해본 작업이 감각을 이용해서 건강하고 안전하게 우리의 감정을 표출하고 표현해 본 것이기도 합니다. 우리속에 있던 무언가가 이런 저런 모양으로 형상화 되어 여러분의 눈앞에 나타난 것입니다. 아까는 단순한 흙이었던 것이 여러분의 상상과 에너지를 쏟아 넣으니 그 흙은 여러분에게 어떤 의미를 지닌 것이 되었네요. 지금부터는 우리의 다양한 감정 중에서 우리를 불편하게 했던 감정을 구체적으로, 좀 더 확실하고 시원하게 해소해 보겠습니다. 준비 되셨나요?

2. 풍선 터뜨리기(30분)

1) 풍선 불기

여러분 앞에 여러 색의 풍선이 놓여 있습니다. 이 풍선은 이제부터 여러분의 마음을 대신 담아줄 것입니다. 여기에 여러분의 숨을 힘껏 불어 각자 원하는 크기의 풍선을 불어 보겠습니다. 이렇게요. 제 풍선이 엄청 크네요. 제가 오늘은 불편했던 마음이 좀 많았나 봅니다.

자, 여러분도 불어 보실까요?

※ 활동 모습을 관찰 후 반영이나 지지하기

풍선 크기가 다들 다르시네요. 풍선을 잠시 바라보시겠습니다. 이제 만져도 보고, 안아도 보겠습니다. 어떤 느낌이세요? 어떤 분은 터질까 걱정이 되시기도 하고, 어떤 분은 어렸을 때 생각이 나시는 분도 있는 것 같습니다. 그러면 다음 작업으로 넘어 갈까요?

2) 풍선에 펜으로 마음 표현하기

지금부턴 앞에 있는 펜을 이용하여 평소 하지 못했던 말들을 이 풍선에 한 번 적어 보려고 합니다. 서운했거나, 화가 났거나, 후회가 되거나 욕하고 싶지만 직접 말하기 어려웠던 다양한 나의 속마음을 풍선에게 털어 놓아 보겠습니다. 누군가 대상에게 할 수도 있고, 대상이 없어도 되요. 그냥 마음에서 하고 싶은 말을 풍선에 적어 보세요. 잘 떠오르지 않을 땐 어린 시절로 돌아가서 당신을 화나게 했던 어떤 일을 찾아보세요. 정확히 기억할 수는 없으나 당신이 무척 놀랐거나 속상했을 때, 혹은 상처를 입었거나 수치심을 느꼈을 때, 또는 당신이 나쁜 아이 같았을 때를 기억할 수도 있습니다. 만일 어떤 것이 떠오르면 그때를 그저 생각해 보세요. 명확한 기억이 아니어도 좋아요. 주변에 무엇이 있었는지, 누가 당신과 함께 있었는지를 떠올려 보세요.

이제 여러분의 기억과 감정을 나타내는 그 무엇이라도 좋습니다. 글이 아니어도 되고 색과 선만이라도 좋고, 추상적이어도 좋습니다. 그저 당신의 마음을 표현하는 어떤 것이면 됩니다.

3) 풍선 터뜨리기

이 작업을 해보시니 마음이 어떠셨어요? 하다 보니 점점 쓸 것이 많아지신 분도 계시고, 무슨 말을 써야 할지 아직 떠오르지 않은 분도 계신 것 같네요. 아직은 내 마음을 드러내기가 조심스러울 수도 있습니다. 아니면 바로바로 할 말을 하고 지내셔서 묵혀 놓은 말이 없을 수도 있지요.

※ 둘러보며 상황을 읽어준다.

지금은 풍선에 담은 내 마음을 시원하게 날려 보아요. 앞에 있는 과일꽂이 핀을 이용해서 풍선을 터뜨려 보겠습니다.

3. 소감나누기(20분)

어떠세요? 한 분씩 돌아가면서 오늘 한 작업에 대한 소감을 듣겠습니다.

소중한 마음 나눠주셔서 감사합니다.

III. 마무리(20분)

1. 자장자장 호흡, 스스로 위로하기

오늘은 우리의 마음 밑에 깔려 있던 공격성, 분노, 불안 등 우리가 꼭꼭 숨기고 싶었던 또 하나의 나를 만나는 시간이 된 것 같습니다. 때론 이것은 우리를 지탱해준 에너지이기도 하고, 때론 너무

아픈, 그래서 마주하고 싶지 않았던 그림자일 수도 있습니다. 여러분은 오늘 어떤 나를 발견하셨나요? 아직 생각하기 싫을 수도 있고, 두려울 수도 있고, 또 별 것 없는데~ 라는 생각이 들 수도 있어요. 어찌 힘든 기억 하나 없이 산 인생이 있겠습니까? 사는 것 자체가 고통이라는 말도 있잖아요. 그러나 힘들었지만 잘 견뎌오셨기에, 여러분이 지금 이 자리에 있을 수 있다고 생각합니다.

지금까지 힘든 시간을 잘 견뎌온 그런 나에게 스스로 위로해 주면서 오늘을 마무리 하려고 합니다. 두 손을 마치 엄마가 안아 주듯 스스로를 안아줍니다. 그리고 눈을 감고 자장자장 하듯 몸을 옆으로 흔들어 주며 자신에게 가장 따뜻한 위로의 말을 해 보세요.

※ 잠시 말없이 기다림.

이번엔 옆 사람의 어깨를 서로 토닥여 줍시다. 소리 내어 서로를 위로해 주세요. "오늘도 정말 수고하셨습니다!"
자 서로에게 박수로 앞으로도 잘 살아보자고 응원하며 마무리 하겠습니다.
오늘도 정말 수고 많으셨습니다.

6회기

내가 보는 나,
남이 보는 나

그림자 직면 및 긍정적 수용

준비물	명상 음악
	가면
	채색도구
	꾸미기 재료
	접착제(본드, 양면테이프, 풀 등)
	향초
	토치
	김혜자 수상소감 동영상

I. 도입(10분)

준비물: 명상 음악

안녕하세요! 여러분들이 많이 친숙해지고 편안해지신 것 같네요. 오늘은 본격적인 작업에 들어가기 전에 잠시 명상하는 시간을 가져 보겠습니다. 음악이 곧 흘러나올 건데요. 편안한 음악을 들으며 나에게 한 번 집중하는 시간을 가져 보겠습니다.

자 눈을 감아 보세요. 음악이 나옵니다.

(명상 음악 재생)

지금 현재 나의 모습을 있는 그대로 느껴보시겠습니다. 천천히 호흡하면서, 내 호흡이 빠른지 느린지 느껴보세요. 나는 어떤 자세로 앉아 있는지, 머리부터 나의 상태를 느껴보며 긴장을 풀어 이완해 보겠습니다.

(명상 2분)

이제 우리의 의식을 깨워 볼까요? 손가락을 꼼지락꼼지락, 발가락도 꼼지락꼼지락 움직여 보세요. 자 이제 눈을 뜹니다.

II. 전개(100분)

준비물: 가면, 채색도구, 꾸미기 재료, 접착제(본드, 양면테이프, 풀 등), 향초, 토치

1. 가면 만들기(60분)

1) 자신의 빛과 그림자 탐색(10분)

오늘 할 작업을 잠깐 소개하겠습니다. 이건 뭐 같아요? 맞아요. 가면입니다. 무표정하고 아무 특색도 없는 가면입니다. 우린 매순간 가면을 쓰고 살아가고 있습니다. 오늘 저도 여러분을 만나기 위해 제가 가진 것 중에 가장 멋지고 우아한 가면을 쓰고 왔습니다. 티가 나나요? 감쪽같죠? 여러분은 오늘 어떤 가면을 쓰고 오셨어요? 여러분도 티가 하나도 안 납니다. 완벽하십니다.

우리는 누구나 일생 동안 매 순간마다 필요한 가면을 바꿔 쓰며 살아왔을 거예요. 다른 사람에게 보여주고 싶은 나의 모습만 보여주기 위해서, 아니면 정말 필요하니까 모두를 위해서요. 그러다 보니 어느 순간 헷갈리기도 합니다. 이게 나의 진짜 모습인가, 저게 나의 진짜 모습인가? 숨기고 싶은 나의 그림자는 무엇인가?

여러분 "가시나무새"라는 노래를 아세요? 그 노래에 "내 속에 내가 너무도 많아"라는 가사가 있습니다. 그 가사는 사람의 마음을 정말 잘 표현한 것 같아요. 그런데 이런 많은 나, 그래서 진짜가 무엇인지 헷갈리는 나는 오랜 시간, 어쩌면 태어나던 순간부터 여러 경험을 통해 형성된 내 모습일 것입니다. 이런 나를 좀 더 알고 이해하기 위해 잠시 다시 명상의 시간을 가져 보겠습니다.

지금부터 잠시 눈을 감고 한 편의 영화를 감상하듯 여러분 각자가 태어나던 그 순간부터 지금까지의 삶을 쭉 상상해 볼 거예요. 자 눈을 감아 봅시다.

※ 명상 음악 재생 -- "나는 어떤 모습으로 살아 왔을까요? 매순간 성실하게, 아니면 대충대충 되는 대로 살아왔나요? 또는 정직하고 도덕적으로 흐트러짐 없이 살아오셨나요? 아니면 무책임하고 부끄러운 모습이 떠오르나요? 아니면 너무나도 평범하게 살아 오셨나요? 나는 대체로 어떤 태도로 살아왔을까요? 나의 삶을 한 번 찬찬히 되돌아 보세요. 그러다가 무언가 떠오르는 순간에 잠시 머물러 보세요. 이제 눈을 뜨겠습니다.

2) 가면 만들기(30분)

여러분 앞에 가면이 놓여 있어요. 이 가면으로 여러 모습의 나를 표현해 보겠습니다. 어쩌면 우린 다른 사람에게 들키고 싶지 않거나, 나 자신도 인정하기 싫어서 가면 뒤에 꼭꼭 숨겨둔 그림자 같은 나의 모습이 있을 수 있습니다.

가면의 앞과 뒤가 있죠? 이제부턴 가면의 앞에는 빛과 같이 드러내고 싶고 보여주고 싶은 나의 모습을, 뒷면에는 그림자처럼 아무도 모르고 나만 아는, 맘에 들지 않거나 버리고 싶은 나의 모습을 표현해 보세요. 가면의 뒷면에 표현하는 것들은 가장 후회되는 모습일 수도 있고 가장 상처받은 나의 모습일 수도 있어요. 색으로 표현할 수도 있고, 상징을 그려 넣어 표현할 수도 있어요. 여러분이 꾸미고 싶은 대로 다양한 재료를 사용해서 한 번 표현해 볼까요?

- - - - -

작품이 대체로 완성된 것 같습니다. 5분 뒤에 마무리하고 소감을 나누어 보겠습니다.

※ 작품을 팀별로 나누어 서로에게 설명한다.

3) 작품 완성 후 나누기(두 그룹으로 나누어) (30분)

소중한 마음을 나눠 주셔서 감사해요. 우리는 빛과 같은 모습도 있지만 그림자 같은 모습도 있는 것 같습니다. 뭔지 모르게 나를 불편하게 만드는 모습이 있습니다. 그것들이 어디서 왔고 언제부터 있었는지 모르지만 필요했으니 생겼고, 평생 가지고 가야 될 것 같은 그런 그림자인 나의 모습을 탐색해 보았습니다.

그런데 정말 중요한 일이 하나 남았어요. 그럼 이 그림자를 어떻게 해야 될까요? 버려야 될까요? 사회적으로 용인되거나 받아들이기 힘든 모습이기에 영원히 드러나지 않게 덮어 둘까요? 가면을 한 번 다시 보겠습니다.

(잠시 바라보며 생각할 시간을 줌)

이 두 모습 모두 바로 당신입니다. 이런 모습은 나만 있을까요? 자 주변을 한 번 보세요. 여러분 바로 옆에 있는 분은 어떨까요? 여러분만 그림자 같은 모습이 있는 건 아니에요. 우리는 모두 다 그림자를 가지고 있어요. 그럼 우리는 이 그림자를 어떻게 해야 될까요? 맞아요, 나의 한 부분이기에 인정하고 잘 다루어서 삶의 에너지로 만들어야 됩니다.

다음 작업으로 넘어가서, 지금까지 알았던 우리의 그림자를 이젠 좀 더 아름다운 빛처럼 만드는 연습을 해보려고 해요.

2. 그림자 통합하기(30분)

1) 내가 보는 나, 남이 보는 나

여러분 앞에 있는 향초를 켜 주세요. 그리고 가면을 가슴에 한 번 들어봐 주세요. 그동안 드러내지 싶지 않았던 자신의 그림자를 다른 사람이 잘 볼 수 있도록 각자의 앞에 향초를 놓아 주세요. 다른 사람의 시선과 말을 통해 객관적으로 자신을 바라보는 시간을 만들어 보겠습니다.

이제 한 분이 먼저 자신의 상처받고, 용서가 되지 않고, 아프고, 버리고 싶은 그림자의 모습을 여러분 앞에서 고백하면, 나머지 분들이 그 어두움 가운데 숨겨진 빛을 찾아 긍정의 말로 지지해 주시는 시간을 가져 보려고 합니다. 모든 것은 동전 양면과 같아요. 부정적인 면만 보았는데, 그것이 지닌 긍정적인 모습을 말해 주는 것입니다.

예를 들어, "난 욕심이 너무 많아요"라고 하면, "당신은 욕심이 많으니까 다른 사람도 욕심껏 도와주잖아요!" 또는 "그 욕심이 있으니 자식들 굶기지 않고 편안하게 키울 수 있었겠지요!"라고 하는 것입니다. 이해되셨죠?

자, 그럼 OO님부터 한 번 해 볼까요?

※ 한 명씩 돌아가며 지지함.

2) 그림자 통합

여러분, 너무 멋지십니다. 이 방이 아까보다 훨씬 환해진 것 같습니다. 우리는 우리의 삶을 사는 주체이기도 하지만 내 삶의 평가자이기도 합니다. 타인이 알아주지 않아도 내가 나를 스스로 인정해주고, 이해해주고, 위로하고, 지지할 수도 있습니다. 신이 아닌데 어느 인간이 어떻게 완벽할 수 있겠어요? 또 살아보지도 않았는데 어떻게 처음 사는 인생을 실수하지 않고 살 수 있겠습니까? 또 세상사 내 마음 대로 되는 것이 얼마나 있겠습니까? 평범한 인간이기에 살다 보면 어쩔 수 없이 그림자 같은 모습이 생기지 않을까요? 그림자는 나만 가지고 있는 것이 아니고, 누구나 가지고 있는 우리의 한 모습임을 오늘 우리는 확인해 보았습니다.

앞으로는 나의 그림자까지도 나였음을 인정하고 힘들고 약한 나의 그림자도 보듬고 통합하는 성숙한 여러분의 삶이 되시기를 바랍니다. 이제 앞에 있는 초를 끄고 동영상을 하나 시청하시겠습니다.

III. 마무리(10분)

준비물: 드라마 〈눈이 부시게〉로 2019년 예술대상을 수상한 김혜자의 수상소감

(김혜자 동영상 | https://www.youtube.com/watch?v=cTe0jAE-SJ4)

1. 동영상 시청

오늘은 동영상을 시청하며 마무리 하려 합니다. 2019년 김혜자가 연기한 〈눈이 부시게〉라는 드라마가 있었습니다. 그 작품으로 예술대상을 수상하면서 수상 소감을 전한 장면입니다. 드라마의 주인공이 자신의 삶을 돌아보며 던지는 메시지가 참 감동적이었습니다. 자 보실까요?

※ 동영상 시청

다음 주에는 '나의 리즈 시절'이라는 주제로 나에게 가장 빛났던 시절에 대하여 이야기를 나누어 보겠습니다.

오늘은 여기서 마치겠습니다.

눈이 부신 남은 하루가 되세요.

7회기

나의 리즈시절

긍정적 자기 수용, 자기감 지지

준비물	영화 〈국제시장〉 동영상(예고편)
	잡지(1인 1권)
	가위
	풀
	싸인펜
	큰 원이 그려진 4절지
	명상 음악

I. 도입(20분)

준비물: 영화 〈국제시장〉 동영상(예고편)

(영화 국제시장 동영상 | https://www.youtube.com/watch?v=BBEDtovULHY)

1. 이완: 안마하기

안녕하세요? 이제 상담 회기가 중반기를 넘어섰군요. 오늘이 7회기째입니다. 이제 여러분들은 서로에 대하여 조금 더 알게 되었고, 자기 자신에 대해서도 조금씩 더 알게 되는 시간이었을 같습니다.

자, 그럼 우리가 이렇게 친밀해졌는데, 옆 사람 안마 좀 해 줄까요? 어깨 주물러 주기 10회 실시하겠습니다. 어떤 분이 제일 시원하신지 보겠습니다. 자, 이번에는 반대로 10회 실시하겠습니다. 물론 더 하셔도 됩니다.

2. 동영상 시청

    지난 주에는 여러분이 자신의 어두운 내면 그림자를 인식하고 표현해 보았습니다. 그래서 비록 그림자이지만 이런 부분까지 나의 일부로 수용하는 시간을 가져 보았습니다.

    오늘은 약간 밝은 주제로 여러분과 작업을 해볼까 합니다. 여러분에게 삶이 힘들었지만 힘겹게 이겨 나가면서 보람 있고 행복했던 경험이 있을까요? 오늘은 그 점에 초점을 두겠습니다. 먼저 잠깐 동영상을 함께 보실까요?

    ※ 국제시장 동영상 시청

어떠셨나요?
혹시 이 영화 보신 분 있나요? 소감 말씀해 주실 분 있으세요?

    ※ 한두 명에게 소감을 듣고 공감해 준다.

여기 주인공은 왜 이런 말을 했을까요?
여러분이 주인공이라면 어떤 말을 남기고 싶으세요.

    ※ 자유롭게 소감 나누기

자, 다음 활동으로 넘어가 볼까요?

II. 전개(90분)

준비물: 잡지(1인 1권), 가위, 풀, 싸인펜, 큰 원이 그려진 4절지

1. '내 생애 최고의 순간' 콜라주 작업(50분)

1) 내 생애 최고의 순간 콜라주(20분)

여러분은 이 영화에서처럼 자신의 삶에서 이렇게 감동적인 최고의 순간을 경험한 적이 있습니까? 잠시 눈을 감고 생각하면서 인생의 어느 한 때, 한 장면을 떠 올려 보세요. 힘들었지만 의미 있었던 때, 감동적인 순간, 인생의 전환점(터닝 포인트)이 되었던 순간, 생각하면 기분이 좋아지는 그때를 생각하셔도 좋습니다.

※ 커다란 원이 그려진 활동지를 배부한다.

자, 여러분 지금 커다란 동그라미가 그려진 활동지를 하나씩 받으셨죠? 그리고 잡지, 풀, 가위 등이 있습니다. 이걸로 그 원 안에 콜라주를 할 거예요. 콜라주는 이런 것입니다. 여러분이 잡지에서 내 생애 최고의 순간을 나타낼 수 있는 것들을 찾아서 한번 표현해 보세요. 잡지에 있는 사진, 멘트, 글 등을 이용하실 수 있습니다. 가위로 오리거나 손으로 찢거나 다양한 방법으로 해 보실 수 있습니다.

- - - - -

자, 어디 볼까요? 어느 정도 하신 것 같군요. 이제 5분 안에 하시던 활동을 완성하고 나눔을 진행하겠습니다.

2) 콜라주 작업 나누기(30분)

모두 돌아가면서 자신의 작품을 팀원들과 나누는 시간을 갖겠습니다. 어느 쪽부터 해 볼까요? 이번엔 오른쪽 방향으로 한번 돌아볼까요? 자, 완성된 작품을 여러분에게 소개하고 내 생애 최고의 순간은 어땠는지 한번 자랑해 볼까요?

이때, 듣는 분들은 적극 경청해 주시고 정말 공감하고 부러운 눈으로 바라봐 주시면 감사하겠습니다.

※ 돌아가면서 모두의 작품을 나누고 공감해 준다.

지금 내가 과거로 돌아가서 이 순간을 다시 경험한다면 어떨까요? 이 순간을 다시 한 번 느껴 볼까요? 그리고, 그때의 그 감동을 소리로 한번 표현해 볼까요?

(와우~~!; 오 예^^)

2. 집단원에게 주고 싶은 선물(40분)

1) 팀원과 나에게 선물주기(20분)

이제 여러분의 작품 적당한 곳에 자기의 별칭을 적어 주세요. 그리고 여러분이 만든 작품을 옆 사람에게 쭉 돌릴 거예요. 그럼 여러분들은 옆 사람에게서 받은 작품의 원 밖에, 그 사람에게 필요할 것 같은, 한 가지를 찾아서 선물로 붙여 주세요.

선물은 이 분이 앞으로 살아갈 인생에서 필요하다 생각되는 것이나, 그 사람에게 어울릴만한 것, 그냥 주고 싶은 것이어도 됩니다. 선물은 잡지에서 찾거나 잡지에서 찾지 못할 경우엔 그리거나 글씨로 적어서 줄 수도 있습니다. 그리고 내가 나에게 주고 싶은 선물도 한 가지 찾아 놓으세요.

자 그럼, 이제 자신의 작품을 옆 사람에게 넘겨주세요. 이번엔 왼쪽 방향으로 한번 가볼까요?

- - - - -

자, 이제 다 돌아갔나요? 내 작품이 팀원들을 돌아서 내 앞으로 왔죠? 아까 안내한 것처럼 내가 나에게 주고 싶은 선물을 붙여 주세요.

- - - - -

완성된 작품을 감상해 볼까요? 어때요?

2) 소감 나누기(20분)

이제 우리 소감을 서로 나눠 볼까요? 자신이 받은 선물들을 본 소감과 받은 선물 중에서 이유가 궁금한 선물이 있다면 질문하는 시간도 갖겠습니다.

※ 돌아가면서 선물 받은 소감을 듣고, 선물 준 사람에게 질문을 하고 대답을 듣는 시간을 가진다.

III. 마무리(10분)

　여러분! 오늘 활동 어떠셨나요? 어떤 부분이 가장 마음에 와 닿았나요? 이번엔 속으로 한번 대답해 보세요. 그리고, 그게 왜 나에게 의미가 있었는지 이유를 발견해 보는 것도 좋을 것 같습니다(내면화 시키기).

　우리에게 과거의 행복하거나 빛나던 시절이 있었습니다. 앞으로 살아가는 매일 매일을 우리는 가장 감사하고 행복한 모습으로 살아갈 수도 있습니다.

　자, 그럼 마침 작업으로 나 안아주기를 해볼까요? 자신을 한번 꼭 안아주세요. 오른손을 왼쪽 겨드랑이에 넣고, 왼손으로는 오른쪽 팔을 감싸서 포근한 느낌이 들도록 안아주세요. 이제까지 열심히 살아왔고 앞으로도 힘차게 살아갈 나를 꼭 안아주겠습니다. 깊은 호흡으로 다시 한 번 안아주고 나를 품어 주세요.

　다음 시간에는 나와 가족 이야기를 해 보겠습니다. 모두 편안한 한 주 보내세요. 수고하셨습니다.

8회기

나, 그리고 가족

가족관계 돌아보기

준비물	상품(주방용품)
	PPT(즐겁게 춤을 추다가 가사)
	칼라점토
	상자
	포스트잇
	김창옥의 소통 강의 동영상
	명상 음악

I. 도입(10분)

준비물: PPT(즐겁게 춤을 추다가), 상품, 명상 음악

1. 이완

안녕하세요? 오늘은 여덟 번째 만나는 날이군요. 프로그램에 들어가기 전에 먼저 상품을 드릴까 합니다^^ "즐겁게 춤을 추다가"라는 노래 아시죠? 이 노래에 맞춰서 노래를 부르며 춤을 추다가 "그대로 멈춰라" 하면 그대로 멈추는 거예요. 가장 춤을 잘 추시는 분께 멋진 상품이 기다리고 있습니다. 자, 이제 한번 해 볼까요? "즐겁게 춤을 추다가 그대로 멈춰라!"

(5분)

춤을 추고 노래를 부르며 게임을 해보았는데, 이런 것들에 대해서 어떻게 생각하세요? 우리에게 이런 활동들이 어떤 영향을 줄까

요? 놀이 활동은 긴장을 늦춰 주고 부교감신경을 활성화시켜서 우리의 몸과 마음을 편안하게 해 줍니다. 그러니까 놀이는 우리 일상에서 꼭 있어야 하는 것입니다. 잘 놀아야 건강하고 삶이 풍요로워집니다.

2. 도입

지난 시간에 우리는 내가 가장 열심히 살았던, 가장 예뻤었던, 가장 빛났던 시간들에 대하여 나누었습니다. 그 시간 안에는 나도 있었지만 가족들도 있었을 것입니다. 오늘은 살아온 시간을 돌아보며 가족 이야기를 해 볼까 합니다.

잠시 눈을 감고 나의 가족들을 떠 올려 보실까요?

※ 명상 음악

어떤 모습입니까? 과거에 나에게 중요했던 가족은 누구였으며, 현재 나에게 중요한 가족은 누구일까요?

자, 이제 방금 떠 올려 본 가족들의 모습을 머릿속에 잠깐 머무르게 둘까요?

II. 전개

준비물: 칼라 점토

1. 가족 만들고 나누기(90분)

1) 가족 만들기(20분)

이제 여러분에게 칼라 점토를 나누어 드리겠습니다. 이 점토를 가지고 여러분의 머릿속에 머무르게 두었던 가족들의 모습을 만들어 보겠습니다. 사실적인 모습을 표현해도 좋지만, 상징적으로 표현할 수도 있겠습니다. 이를테면 가족의 모습을 동물이나, 물건, 식물, 색깔이나 도형 등으로 표현할 수도 있겠죠? 가족! 하면 떠오르는 이미지를 여기 있는 점토를 사용하여 만들어 보는 거예요. 만드는 시간은 20분 정도 드리겠습니다.

자, 이제 서서히 마무리해 볼까요? 마무리가 안 된 분들은 이야기를 들으면서 마무리를 하셔도 됩니다. 먼저 만든 분부터 이야기를 나누어 보겠습니다.

2) 나누기(30분)

그럼, 한 분씩 돌아가면서 자신의 가족들을 표현한 것을 나누어 보겠습니다. 발표 하실 때에 이 작품을 만들면서 들었던 전체적인 느낌, 소감 등도 함께 말씀해 주시면 좋겠습니다.

※ 돌아가면서 이야기를 듣는다.

3) 하고 싶은 말, 듣고 싶은 말(30분)

우리는 서로의 가족 이야기를 잘 들었습니다. 가족의 모습을 이렇게 표현하는 것도 참 좋은 것 같습니다. 그럼, 다음 순서는 가족들에게 듣고 싶은 말, 하고 싶은 말 순서입니다. 지금까지 살면서 가족들은 나에게 큰 힘이 되기도 했고, 때론 짐스럽고 고통스런 존재일 수도 있었습니다. 잠시 눈을 감고 그 어떤 상황에서 가족에게 못 다한 말이 있거나, 듣고 싶은 말이 어떤 것이었는지 생각해 볼까요?

- - - - -

그 어떤 상황에서 '이 말은 꼭 했어야 하는데 못 했다'라고 생각되는 것이 있나요? 감사와 사랑의 말이 될 수도 있고, 미안하다는 사과의 말, 원망의 말이 될 수도 있겠죠? 그 말을 함께 나누도록 하겠습니다.

※ 3~4명씩 그룹으로 나누어 작업한다.

여기 여러분이 만든 작품에 가족이 있습니다.
전하고 싶은 말이 있는 가족을 골라 보세요.
그럼, 이제 가족들에게 못 다한 말을 해 보겠습니다.
자, 이번에는 먼저 준비되신 분부터 해 볼까요.
가족에게 듣고 싶은 말을 들을 수 있도록 "00가 그 가족이 되어서 그 말을 해 주시겠어요?"

가족에게 하고 싶은 말을 할 수 있도록 "OO가 그 가족이 되어서 그 말을 들어 주시겠어요?"

※ 팀원 전체가 '가족에게 하고 싶은 말, 듣고 싶은 말' 작업을 한다.

여러분들의 이야기를 들어보니 자신의 마음을 다 꺼내놓고 살지 못한 부분도 많군요. 용기를 내서 말해 주신 여러분께 감사드립니다. 지금 여기에서 이렇게 여러분들이 표현하신 것처럼 일상에서도 가족들에게 진짜 속마음을 표현하고 살았으면 좋겠습니다.

III. 마무리(10분)

마음을 표현하는 것에도 효과적인 방법이 있는 것 같습니다. 잘못된 소통은 오히려 나쁜 영향을 줄 수도 있지요? 어떻게 하면 가족과 효과적으로 소통을 할 수 있을까요? 다음은 유쾌한 강의로 우리를 돌아보게 하는 김창옥 강사의 가족 간의 소통을 주제로 한 강의를 잠깐 들어보겠습니다.

※ 동영상 시청 - 5분
　(김창옥 동영상 | https://www.youtube.com/watch?v=tGo3WcKWmag&t=221s)

'사랑은 말할 때까지 사랑이 아니다'란 말이 있는 것처럼 가족에게 그 마음을 표현하는 것도 중요한 것 같습니다.
어떠세요? 강의 잘 들으셨죠~! 우리가 가족들과 소통을 하고 있지만 방법이 서툴러서 어려움이 있지 않았을까 생각이 듭니다. 소통하는 방법을 조금만 바꿔 보면 가족과 함께 잘 지낼 수 있을 것 같습니다.

가족들과 소통하기 위해서는 먼저 상대방을 이해하고 원하는 것을 알아야 합니다. 서로 격려해 주고 수용적, 긍정적으로 반응해 주고. 우리가 앞으로 남은 삶을 살아가는데 많은 시간을 가족과 함께 살아가겠죠? 그런데, 이 가족과 어떻게 하면 잘 지낼 수 있을지 생각해 보았으면 좋겠습니다.

앞으로는 마음에 있는 진심을 담아서 가족과 소통하고 좋은 관계로 발전시켜 나가시기를 바랍니다. 이제 앞으로 저희가 두 번 만나면 프로그램이 끝나는군요. 다음 시간엔 앞으로의 삶에 대해서 나누어 보는 시간을 가지겠습니다.

그럼, 건강하게 즐겁게 잘 지내시다가 다음 주에 뵙겠습니다.

(참고) 게임 노래
즐겁게 춤을 추다가 그대로 멈춰라
즐겁게 춤을 추다가 그대로 멈춰라
웃지도 말고 울지도 말고 움직이지 마
즐겁게 춤을 추다가 그대로 멈춰라

9회기

꿈꾸는 인생

나의 생애 통합하기

준비물	지담비 할아버지 동영상
	상품(주방용품 등)
	PPT 자료(야채박수 가사, 버킷리스트 관련)
	플라스틱 컵
	굵은 소금
	파스텔
	신문지
	도화지20매(A4)
	조화
	예쁜 수첩
	필기도구

I. 도입(10분)

준비물: PPT 자료(야채박수 가사), 상품(주방용품 등), 지담비 할아버지 동영상

1. 이완

1) 박수 게임

안녕하세요? 여러분들 한 주간 잘 지내셨어요? 오늘은 박수 게임을 한번 배워 보도록 하겠습니다. <야채박수>라는 건데요. 자, 제가 한번 해 보겠습니다

(야채박수 시범)

어떠세요? 쉬운 동작인데 좀 헷갈립니다. 자, 이제 여러분과 같이 해 보겠습니다.

(야채박수 배우기)

이번엔 한 번도 안 틀리고 하신 분께 상품이 있겠습니다. 자, 다 함께 야채박수!! (함께 게임을 잘 한 사람에게 선물을 준다)

< 야채박수 >
감자 감자 짝짝 / 고구마 고구마 짝짝 / 오이 오이 짝짝 / 호박 호박 짝짝 /
감자짝 고구마짝 오이짝 호박짝 / 감자 고구마 오이 호박 짝짝짝짝 /

여러분들이 생애통합 프로그램에 잘 참여하여 주심에 진심으로 감사드립니다. 지금까지 우리는 나의 과거로의 여행을 하였습니다. 그래서 나도 모르는 나의 마음, 나의 생각에 대해 살펴보았습니다. 내 안에 들어 있는 마음의 상처, 이전에 간직하였던 꿈들도 확인하였습니다. 그리고 함께 살아온 가족들을 떠올려 보면서 감사와 사랑에 대해 생각하게 되었습니다.

오늘은 과거와 현재의 나를 지나 미래의 나의 삶이 어떻게 하면 더 행복하고 풍요로울 수 있을까를 생각하는 시간을 가지려고 합니다.

2) 지담비 할아버지 동영상 시청

(지담비 할아버지 | https://www.youtube.com/watch?v=BNrz-d_lz2Q)

먼저 재미있는 동영상을 하나 보도록 하겠습니다.

[지담비 할아버지] / KBS '전국노래자랑'에서 가수 손담비의 '미쳤어'를 부른 77세의 할아버지인데요, '지담비'라는 닉네임을 얻게 된 지병수 할아버지는 박자, 가사, 음정은 모두 틀린 '미쳤어'를 선

보였지만, 관객의 박수갈채는 그 어느 무대보다 뜨거웠습니다. 기초생활 수급자로서 어렵게 생활하는 분입니다. 그러나 그의 삶은 매우 긍정적이었습니다. 자~ 그러면 한번 볼까요?

> ※ 동영상 시청 후, 그에 대한 느낌을 서로 나눈다. 그 느낌에 대해 상담자는 평가할 필요는 없다.

II. 전개

1. 인생은 아름다워! - 색소금 화분으로 무지개 인생 꾸미기

준비물: 플라스틱 컵, 꽃소금, 파스텔, 신문지, 도화지(A4), 조화

1) 색소금 화분 만들기

이 시간엔 알록달록 예쁜 색이 들어간 색소금을 만들어 보려고 합니다. 색소금은 파스텔 가루와 꽃소금을 손바닥으로 비벼 만들기 때문에 아이들은 물론 어르신들의 작은 근육 운동에도 도움이 될 것 같습니다. 비벼 만든 색소금을 플라스틱 컵에 차곡차곡 담아 채우고, 그 위에 꽃을 꽂아 색소금 화분을 만들어 보겠습니다.

인생의 시기에 따라 색을 다르게 만들어 볼 것입니다. 시기의 구분은 유년기, 아동기, 청년기, 장년기, 현재로 구분해서 해보려고 합니다. 각 시기마다 여러분이 느끼는 삶의 무게도 느낌도 다 다를 것입니다. 그 느낌을 색으로 표현해 보는 것입니다. 어느 시기는 행복

했던 시기일 수도 있고, 참 힘들었던 시기일 수 있습니다. 그 시기의 상황을 생각하면 떠오르는 색을 선택해서 표현하시면 됩니다.

먼저 한 샘플을 여러분에게 보여드리겠습니다. 마치 색동옷 같기도 하고, 무지개 같기도 하죠? 여러분의 인생도 이와 같지 않을까요? 모두가 다른 색깔로 지금까지 살아오셨겠죠?

각자 앞에 있는 신문지와 A4용지가 보이시죠? 꽃소금 가루나 파스텔 가루를 사용하기 때문에 뒷정리를 쉽게 할 수 있기 위해서 바닥에 신문지를 미리 깔아두었습니다. 색소금을 만드는 방법은, 먼저 유년기를 상징하는 파스텔을 고르시고 A4용지에 가루가 생길 정도로 충분히 문지릅니다. 가루가 생기면 그 위에 꽃소금을 뿌려 손으로 문지르면, 예쁜 색소금이 만들어집니다. 만든 색소금을 컵에 차곡차곡 부어주시는 것입니다. 같은 방식으로 아동기, 청년기, 중년기, 현재를 상징하는 파스텔을 골라 반복하시면 됩니다. 어느 정도 원하는 만큼 색소금이 컵에 쌓이면, 컵 뚜껑을 닫고 조화를 꽂으면 멋진 색소금 화분이 됩니다.

2) 색소금 화분 작품 나누기

자신이 만든 색소금 화분을 설명해 주실 분 있으신가요? 한두분 나오셔서 인생의 시기를 표현한 색이 어떤 의미를 담고 있는지 설명해 주시면 됩니다.

3) 화분에 대한 멘트

여러분은 살면서, 기쁜 일, 슬픈 일, 섭섭한 일, 행복한 일들을 경험했을 것입니다. 당시에는 없었으면, 이런 것만 없었으면 하는 시련과 어려움도 경험하셨을 것입니다. 그러나 그런 진흙 같은 삶의 여정을 거쳐서 지금 여러분이 되셨습니다. 그 모든 것이 합쳐서 무지개처럼 지금 여러분이라는 꽃을 피우신 것이죠. 누구도 대신할 수 없는 여러분이 되신 것입니다. 지금 여러분 앞에 놓인 색소금 화분은 바로 여러분의 인생입니다.

그 인생을 살아오신 여러분을 향해서 힘차게 박수를 치겠습니다. 자, 자신의 이름을 부르면서 위로의 박수를 한 번 보내볼까요?

"○○○! 너 정말 수고 했어~, 짝짝짝"

2. 생전에 꼭 하고 싶은 것?: 버킷리스트 수첩 만들기

준비물: 도화지(A4), 예쁜 수첩, 필기도구

1) 버킷리스트 설명하기

'버킷리스트'라는 말을 들어보신 적이 있나요? 간단히 설명하자면, 죽기 전에 꼭 하고 싶은 것들의 목록입니다. 혹시 "버킷리스트"라는 제목의 영화를 보신 적이 있나요? 영화 내용은 죽음을 앞 둔 두 노인이 병원에서 만나 친해졌는데, 각자 죽기 전에 꼭 하고 싶은 목록을 적고, 그것을 위해 두 노인이 함께 그 버킷리스트를 과감히 도전해 보는 영화입니다.

여러분도 살아가는 동안 꼭 해보고 싶은 것들이 있으시죠? 그 중에는 실제로 이미 해본 것들도 있을 수 있고, 꼭 하고는 싶지만 여건이 안 되어 지금까지 머릿속에만 담아 둔 것들도 있을 것입니다. 지금부터는 그런 나의 소중한 꿈들을 생각해 보고 버킷리스트를 작성해 보려고 합니다.

2) 버킷리스트를 작성하는 이유 3가지

버킷리스트를 작성하는 이유를 알아볼까요?

첫째, 나 자신이 좋아하는 것을 발견할 수 있기 때문에 내가 누구인지 아는 데 도움을 줍니다.

둘째, 버킷리스트를 작성하고 실천하다 보면 꿈을 이루는 능력이 개발됩니다.

셋째, 이룰 수 없는 '막연한 꿈'이 아닌, 이룰 수 있는 '구체적인 꿈'을 도전하고 이루면서 삶의 만족도가 높아집니다.

1985년 미국 프린스턴 대학교 고등과학연구소는 한 가지 실험에 착수했습니다. 코넬대 철학과 학생들을 대상으로 앞으로 살아가는 동안 하고 싶은 목표들을 구체적으로 적어내도록 했습니다. 그리고 15년 후 연구팀은 학생들의 삶을 추적했는데, 그 결과 삶의 목표를 진지하게 적어냈던 사람들은 그렇지 않았던 집단보다 더 높은 사회적 지위나 더 많은 재산을 가지고 있었습니다. 불성실하게 답변한 사람들은 순탄치 못한 삶을 산 경우가 더 많았답니다. 버킷리스트를 작성한 집단과 버킷리스트를 작성하지 않은 집단 중

성공 확률이 높은 집단은 버킷리스트를 작성한 집단이었다는 실험 결과입니다.

　그렇다면 이제 여러분의 남은 시간을 행복하게 살기 위해서라도 버킷리스트를 작성하는 것은 매우 유익한 일이 될 것입니다. 귀한 인생인데 그냥 세월 속에 나를 맡길 수는 없잖아요? 그럼 버킷리스트를 한번 정성껏 구체적으로 작성해 보도록 하겠습니다.

3) 버킷리스트 작성 방법 설명하기

　먼저 그 목록들을 적는데 필요한 도움을 간단히 드리도록 하겠습니다.

※　PPT 작업을 하거나, A4 종이에 인쇄해서 나누어 준다.

▶ 제일 먼저 할 일은 하고 싶은 일들을 무작정 적어보는 것입니다. 여러분에게 제공된 A4 용지에 낙서처럼 마구 적어보세요.
▶ 그리고 나서 버킷리스트를 구분하는 작업이 필요합니다. 가장 간단하고 쉬운 구분법은 3가지 영역으로 생각하는 것입니다: 영역별, 나이별, 대상별

① 영역별 / "하고 싶다"(여행, 운동, 체험)
　 "갖고 싶다"(저축, 가방, 집)
　 "되고 싶다"(능력, 자격증, 직업)
② 나이별 / 나이별로 원하는 것을 적어보는 것입니다. 당장 하

고 싶은 일과 다음에 하고 싶은 일을 나이별로 구분하면 전
체적인 인생의 흐름을 볼 수 있습니다.

③ 대상별 / 수혜 대상이 기준입니다.

"나를 위한"(몸짱, 언어공부, 분기에 1번씩 여행)

"가족을 위한"(1주일에 아이에게 책 한권 읽어주기, 해마다 가족사진 찍기)

"사회를 위한"(월정액으로 빈민국 아이 돕기, 봉사활동 하기)

4) 버킷리스트 작성하기

자, 그럼 버킷리스트를 작성해 볼까요? 아까 말씀드린 것처럼
먼저 여러분에게 제공된 용지에 이것저것 생각나는 대로 다 기록
해보세요. 그 다음, 영역, 나이, 대상을 고려하면서 10-20가지 정도
를 예쁜 수첩에다 기록해보세요. 꿈의 실현은 그것들을 기록하는
것에서부터 시작되는 것이니까요.

※ 조용한, 조금은 아련한 경음악이 울린다. 상담자는 이곳저곳 움직이면서
   도움을 준다.

III. 마무리

1. 상상으로의 여행

자, 어느 정도 기록이 된 것 같군요. 그럼 한 분씩 자신의 꿈을
적은 버킷리스트를 공유하도록 하겠습니다. 먼저 눈을 감고 버킷

리스트가 이루어졌다고 가정하면서 그때의 장면을 상상해 봅니다.

2. 상상 경험 나누기

한 분씩 자신이 생각하는 버킷리스트에는 어떤 것들이 있는지, 그리고 그것이 이루어지면 어떤 행복이 여러분에게 있을지 이야기해 볼까요? 목록을 다 말씀하실 필요는 없습니다. 여러 개 중에서 특별히 말씀하시고 싶은 것, 몇 개만 하시면 됩니다. 발표가 끝나면 발표자의 꿈이 이루어질 수 있도록 격하게 박수를 보내드립시다.

- - - - -

앞으로 펼쳐질 꿈을 꾼 나 자신과, 함께 한 우리 모두를 위해 박수~~ 짝짝짝!!!

다음 주에는 마지막 회기로 여러분과 만나겠습니다.
한 주간도 평안히 지내세요^^
수고하셨습니다.

(참고)

< 야채박수 >

감자 감자 짝짝 /

고구마 고구마 짝짝 /

오이 오이 짝짝 /

호박 호박 짝짝 /

감자짝 고구마짝 오이짝 호박짝 /
감자 고구마 오이 호박 짝짝짝짝 /

< 신바람박수 >
얼씨구 얼씨구 짝짝 /
절씨구 절씨구 짝짝 /
얼씨구짝, 절씨구짝 /
얼씨구 절씨구 짝짝 /
지화자 지화자 짝짝 /
좋다 좋다 짝짝 /
지화자짝, 좋다짝 /
지화자 좋다 짝짝

10회기

열린 마무리

준비물	PPT(야채박수, 말타기박수, 소망 나무 사진)
	도화지, 색종이
	색연필, 싸인펜, 파스텔
	가위
	풀
	스카치테이프
	상장 용지
	A4 용지(20매)
	프로그램 진행 기록 동영상
	명상 음악

I. 도입

1. 이완하기

1) 박수게임: 야채박수, 말타기박수

지난 번에 배운 야채박수를 다 같이 쳐 보겠습니다.

- - - - -

오늘은 새로운 박수를 하나 더 알려 드리겠습니다. 말타기박수 인데요. 제가 먼저 시범을 보이고, 여러분과 같이 해 보겠습니다.

※ 진행자가 시범을 보이고 같이 박수 게임을 한다.

< 말타기박수 >
따그닥 따그닥 짝짝 /

으랴 으랴 짝짝 /

따그닥 짝, 으랴 짝 /

따그닥 으랴 짝짝 /

※ 이번에는 다른 형태로/따그닥 – 고삐, 으랴 – 채찍질

2) 종결작업 설명하기

여러분! 이 프로그램을 시작한지가 얼마 되지 않은 것 같은데, 벌써 마무리를 할 때가 왔네요. 지금까지 열심히 참여해 주신 여러분들에게 진심으로 감사드립니다. 처음에는 좀 어색하고 서먹거리기도 했었죠. 잘 모르는 이웃들에게 자신을 드러낸다는 것이 결코 쉬운 일이 아닙니다. 그럼에도 불구하고 여러분들은 용기 있게 자신을 소개하고, 자신의 아픔과 성격, 자신의 꿈을 드러냈습니다. 동시에 다른 분들의 이야기를 잘 들어주고, 안아주고, 보듬어 주었습니다. 그러면서 우리는 함께 마음의 상처를 치유하고, 우리의 삶을 풍요롭고 아름답게 만들어 보았습니다.

오늘은 이 프로그램을 마무리하면서 두 가지의 작업을 하도록 하겠습니다.

II. 전개

1. 소망나무(집단, 혹은 조별로 만든다)

준비물: 도화지, 색종이, 색연필, 싸인펜, 파스텔, 가위, 풀, 스카치테이프, 명
상 음악

1) 소망나무 만들기

지난 시간 버킷리스트를 통해서 앞으로 펼쳐질 자신의 꿈을 생
각해 보았습니다. 오늘은 그 꿈을 소망나무로 다시 한 번 확인하고
자 합니다. 간절히 바라면 이루어진다는 것 알고 계시지요? 마음
껏 여러분이 바라는 것들을 소망나무에 열매처럼 만들어 보겠습니
다. 그리고 모두의 꿈이 정말 정말로 이루어지기를 바래봅니다.

각 팀에 주어진 큰 종이에 나무를 그리고, 준비된 매체를 이용해
서 멋지게 꾸며주세요. 여러분의 소망을 기록한 나뭇잎이나 열매들
을 달아 보셔도 좋습니다. 서로의 소망을 담은 소망나무를 팀원들
과 상의해서 멋지게 꾸며보세요. 또 나무에게 이름도 지어주세요.

※ (샘플 사진 예시)

※ (명상 음악)

2) 느낌 나누기

이제 다 하셨나요? 그러면 조별로 한 분씩 나와 작업 후의 느낌,

나무의 이름, 작품 설명을 해주십니다. 물론 발표하신 분을 위해 격하게 박수하는 것 잊지 않으셨죠?

(팀별로 소망나무에 대해 나눔)

2. 나에게 주는 상장

준비물: 상장 용지, 색연필, 싸인펜, A4 용지

1) 상장 설명

이제 우리는 이 프로그램의 마지막 작업을 할 것입니다. 그것은 '나에게 주는 상장'입니다. 때로는 인생의 한 시점을 보낼 때마다 지금까지의 세월을 덧없이 보낸 것 같기도 하고, 무언가 제대로 살지 못하고 보내는 것 같은 세월이 회한으로 남기도 합니다. 점점 세월이 빨라지는데, 나는 별로 칭찬 받을 것도 없는 삶을 산 것 같기도 합니다.

그러나 여러분은 그동안 열심히 최선을 다해 살아왔습니다. 어려움, 시련 헤치면서 지금까지 왔습니다. 또한 앞으로 꿈같은 시간도 여러분에게 펼쳐질 것입니다. 그렇기 때문에 우리 앞에 남은 소중한 시간과, 그 시간을 정성껏 살아갈 우리 스스로를 격려하기 위해 나에게 상장을 만들어 주는 것은 어떨까요?

우리는 자주 다른 사람들을 칭찬하고 그들을 부러워합니다. 그런데 정작 가족과 사회를 위해 보이지 않게 열심히 헌신하고 수고를 한 나 자신을 칭찬하고 상을 주는 일은 조금 인색한 것 같습니다. 그래서 오늘은 내가 나를 인정해주는 변화된 삶의 시작으로 내가 나에게 상을 주도록 할 것입니다.

2) 상장 작성하기

그런데 자신에게 상을 주려 하니 무슨 상을 주어야 할지, 무엇을 칭찬해야 할지 막막하지요? 그렇다면 서로 조별(3-4명)로 자신에게 줄 수 있는 상을 의논해보겠습니다. 서로의 말을 들어주면서 나 자신이 몰랐던, 그래서 칭찬하지 못했던 부분을 서로 일깨우는 시간을 갖도록 하겠습니다.

※ 상담자가 먼저 예시를 보여 준다. 예를 들어, 발을 칭찬할 수도 있다. '제대로 인정도 못 받으면서 정말 중요한 역할을 해 주어서 고맙다~ 발아~'

먼저 나 자신에게 꼭 해주고 싶은 이야기, 괜찮다고 다독이며 들려주고 싶은 이야기를 팀원에게 진심으로 표현하는 시간을 가질 것입니다. 그리고 각자 앞에 있는 A4 용지에 상 받을 내용을 적어보신 후, 상장 용지의 내용을 정리해서 작성해 보세요.

※ 명상 음악

※ 자신의 칭찬거리를 찾지 못하는 팀원이 있다면, 팀원들이 칭찬거리를 찾아주거나 지지해줄 수 있도록 진행자가 돕는다.

III. 마무리

준비물: 프로그램 참여 동영상, 명상 음악

1. 자화자찬 수여식

상장 다 만드셨나요? 자 이제 우리는 이 프로그램을 마무리하면서, 남은 생을 정말 새롭게 준비하려고 합니다. 앞으로 남은 생이 얼마인지 모르지만, 운동화 끈 단단히 조이면서 달라진 모습으로 나아갔으면 좋겠습니다.

이제 한 사람씩 돌아가면서 자기 이름을 부르면서 '나에게 주는 상장'을 큰 소리로 읽고 수여해 보겠습니다. 그 상장을 자신에게 수여할 때마다 서로를 위해, 그리고 자신들을 위해 격하게 박수를 쳐주세요.

2. 10회기 활동 소감 나누기

지금까지 우리는 어떤 활동을 해왔는지, 10회기 동안 우리의 모습을 잠시 영상으로 시청하도록 하겠습니다.

※ 지금까지의 활동 영상 시청

참 열심히 하셨어요. 그러면 지금까지 10회에 걸쳐 참여하면서 자신이 느낀 감정이나 느낌, 혹은 의견을 나누어 보도록 하겠습니다. 또한 프로그램 중 가장 인상이 깊고 감동스러운 것은 무엇이었는지에 대해서 말씀하셔도 좋겠습니다.

♥ 앞으로 펼쳐질 꿈을 꾼 나 자신과, 함께 한 우리 모두를 위해
  박수~ 짝짝짝!!!

(전체 사진과 멘트를 기록한 사진첩을 만들어 선물로 준다)

참고문헌

Corey, Gerald. Corey, Marianne Schneider. Haynes, Robert, 이은경·이지연 공역,『집단상담의 실제』, 학지사.

Levine, Peter A., 서주희 역,『몸과 마음을 잇는 트라우마 치유』, 학지사.

Mortola, Peter, 변명숙·안연옥 역,『게슈탈트 놀이치료: 오클랜더식 접근방법』, 시그마프레스.

Porges, Stephen W., 노경선 역,『다미주 이론』, 위즈덤하우스.

Saul, Leon J., 이근후·박영숙·문홍세 역,『인격형성에 미치는 아동기 감정양식』, 하나의학사.

Sharf, Richards, 천성문 외 공역,『심리치료와 상담이론개념 및 사례』, CENGAGE Learning.

Winnicott, Donald, 이재훈 역,『성숙과정과 촉진적 환경』, 한국심리치료연구소.

김선현,『마음을 여는 미술치료』, 넥서스 BOOKS.

김영숙·임지향, "사진을 활용한 집단미술치료가 노인의 회상기능과 자아통합감에 미치는 영향,"『미술치료연구』제22권 제1호, 2015, 249~261쪽.

김정규,『게슈탈트 심리치료』, 학지사.

이부영,『그림자』, 한길사.

이부영,『분석심리학』, 일조각.

장두이,『저소득층 독거 여성노인의 우울감 완화를 위한 집단미술치료 사례연구』, 석사학위논문, 이화여자대학교 교육대학원.

장선철·김남원,『노인상담』, 동문사.

정여주,『미술치료의 이해』, 학지사.

정진숙·이근매, "회상요법을 적용한 집단콜라주 미술치료가 요양시설 치매노인의 문제행동에 미치는 효과,"『미술치료연구』제17권 제1호, 2010, 131~148쪽.

조미영,『미술심리치료의 이해와 실제』, 파란마음.

주리애,『미술심리진단 및 평가』, 학지사.

최선남, "집단미술치료가 자아수용에 미치는 효과,"『미술치료연구』제8권 제2호, 2001, 25~35쪽.

최외선·박혜경, "집단미술치료가 노인의 자아통합감과 죽음불안에 미치는 효과,"『미술치료연구』제15권 제4호, 2008, 697~720쪽.

저자 소개

이순태   한신대학교(구약신학/신학박사)
전주대학교 상담심리학과 석사·박사수료
대상관계심리치료사(현대정신분석연구소)
전주신광교회 담임목사(2000년부터 현재까지)
전북CBS방송 전담 설교자("온누리에 사랑을" - 2001년부터 현재까지)
'(사)나누는 사람들' 대표(2001년부터 현재까지)
한일장신대 심리치료대학원, 전주대 선교신학대학원, 한신대 강의
(신학·정신분석학)

김병옥   전북대학교 생활과학대학 대학원(아동가족상담) 석사·박사수료
로뎀나무심리상담센터 소장
전주비전대 강의

최윤정   전북대학교 교육대학원(미술교육) 석사
평택대학교 상담대학원(미술치료) 석사
로뎀나무심리상담센터 상담사
(유)공감발달 상담사

김경애   전주대학교 상담심리 대학원(결혼가족치료) 석사
우리봄심리상담센터 상담사

최정숙   한일신학교(신학)
전주비전대학교 사회복지경영학과
전주대학교 상담심리학과
전주대학교 선교신학대학원(목회상담)
미술치료상담사
전인상담사
로뎀나무심리상담센터 상담사

나에게로 떠나는 마음 여행

초판 1쇄 인쇄 2022년 9월 16일
초판 1쇄 발행 2022년 9월 26일

지은이   이순태 김병옥 최윤정 김경애 최정숙
펴낸이   최종숙
펴낸곳   글누림출판사

편 집   이태곤 권분옥 임애정 강윤경
디자인   안혜진 최선주 이경진
마케팅   박태훈 안현진

주 소   서울시 서초구 동광로46길 6-6 문창빌딩 2층(06589)
전 화   02-3409-2055(대표), 2058(영업), 2060(편집)
팩 스   02-3409-2059
전자우편   geulnurim2005@daum.net
홈페이지   www.geulnurim.co.kr
블로그   blog.naver.com/geulnurim
등록번호   제303-2005-000038호(2005.10.5.)

ISBN   978-89-6327-704-2 03180

* 정가는 뒤표지에 있습니다.
* 잘못된 책은 바꿔 드립니다.